es 1121
edition suhrkamp
Neue Folge Band 121

Das Werk von Charles Sanders Peirce (1839–1914), des Begründers der modernen Semiotik, ist in seiner ganzen Vielfalt erst wenig erschlossen. Die Autoren des vorliegenden Bandes geben – durch einen spielerisch-ernsthaften Vergleich der Denkweisen Peirces und Sherlock Holmes' – eine Einführung in zentrale Kategorien des Denkgebäudes dieses amerikanischen Philosophen und damit in die Probleme der modernen Semiotik.

Thomas A. Sebeok ist Distinguished Professor für Linguistik und Semiotik an der Indiana-Universität und Direktor des Research Center for Language and Semiotic Studies.

Jean Umiker-Sebeok ist Anthropologin und Mitarbeiterin am Research Center for Language and Semiotic Studies der Indiana-Universität. Ihre Veröffentlichungen befassen sich u.a. mit der nonverbalen Kommunikation in der Zeitschriftenwerbung und der Kultursemiotik.

Max H. Fisch ist emeritierter Professor für Philosophie an der Universität von Illinois in Urbana und außerordentlicher Professor an der Indiana-Universität/Purdue-Universität in Indianapolis. Er arbeitet an einer Biographie von Charles S. Peirce und leitet die Herausgabe der neuen Ausgabe der Schriften von Charles S. Peirce.

Charles S. Peirce

Thomas A. Sebeok

Jean Umiker-Sebeok

»Du kennst meine Methode«

Charles S. Peirce und Sherlock Holmes

Aus dem Amerikanischen von Achim Eschbach

Suhrkamp

Titel der Originalausgabe
»You Know My Method«
A Juxtaposition of
Charles S. Peirce and Sherlock Holmes.

edition suhrkamp 1121
Neue Folge Band 121

Satz: Hümmer, Waldbüttelbrunn.
Druck: Nomos Verlagsgesellschaft, Baden-Baden.
Umschlagentwurf: Willy Fleckhaus.
Printed in Germany.

Inhalt

Danksagungen

Die Autoren bedanken sich für verschiedene hilfreiche Kommentare, die Martin Gardner, Christian Kloesel, Edward C. Moore, Joseph Ransdell, David Savan und John Bennett Shaw zu einer früheren Fassung dieser Studie abgegeben haben. Unser besonderer Dank gilt jedoch Max H. Fisch, der selbst ein Meisterdetektiv ist, für seine großzügige und unschätzbare Unterstützung beim Aufspüren von Entsprechungen und Passagen in den unpublizierten Manuskripten von Peirce, die zur Klärung der hier diskutierten Probleme beitragen, und auch dafür, daß er uns Einblick in einen Teil seines unendlich vielgestaltigen und immer wieder faszinierenden Schatzes an Informationen ermöglichte, die sich auf Peirce beziehen. Wir sind ihm auch deshalb zu Dank verpflichtet, weil er uns die Photos von Peirce und – als ein Akt großer Freundschaft eines herzlichen und echten Freundes wie eines ausgezeichneten Fachkollegen – gleichfalls das Vorwort zu diesem Buch zur Verfügung stellte. Wir möchten uns aber auch bei Jack Tracy bedanken sowohl für seine fachmännische Hilfe bei der Vorbereitung dieses Buches als auch für seine *Encyclopaedia Sherlockiana,* die wir ausgiebig benutzt haben, wie die Kenner unschwer bemerken werden.

Zur deutschen Übersetzung

Bei der Übersetzung der von den beiden Autoren angeführten Passagen aus den *Collected Papers* von Charles S. Peirce habe ich mich – soweit es möglich war – gestützt auf die beiden Auswahlsammlungen: Charles S. Peirce, *Schriften I. Zur Entstehung des Pragmatismus; Schriften II. Vom Pragmatismus zum Pragmatizismus,* Mit einer Einführung hg. von Karl-Otto Apel, Frankfurt/M.: Suhrkamp 1967–1970, und: Charles S. Peirce, *Vorlesungen über Pragmatismus,* Mit einer Einleitung hg. von Elisabeth Walther, Hamburg: Meiner 1973.

Die Zitatstellen aus den Erzählungen und Romanen Conan Doyles habe ich übertragen anhand der dreibändigen Ausgabe: Sir Arthur Conan Doyle, *Sämtliche Sherlock Holmes Romane und Stories,* hg. von Nino Erné, Frankfurt/M.: Ullstein 1977. Sehr häufig war jedoch eine eigene Neuübersetzung erforderlich, da die benutzte Textsammlung zahllose Fehler, Ungenauigkeiten oder sogar größere Auslassungen enthält.

Auf eine Abweichung von der dreibändigen Sherlock Holmes-Ausgabe – die ein signifikantes Beispiel für die anderen Abweichungen ist – möchte ich besonders hinweisen: Spricht Sherlock Holmes an den zentralen Stellen seiner Argumentation von ›deduction‹, so wurde das in der Ausgabe von Erné mit ›Kombination‹ resp. ›ich kombiniere‹ wiedergegeben, was sicherlich das Feld des Gemeinten tangiert. Im Interesse der eigentlichen Pointe der beiden Autoren Thomas A. Sebeok und Jean Umiker-Sebeok schien es mir jedoch angebracht zu sein, statt dessen bei dem zugegeben sperrigeren Terminus ›Deduktion‹ resp. ›ich deduziere‹ zu bleiben.

A. Eschbach

»Ich rate niemals.«

Sherlock Holmes,
Im Zeichen der Vier

»Entweder erfassen wir
die Wahrheit mit Hilfe
von Annahmen
oder überhaupt nicht.«

Charles S. Peirce, Ms. 692

Vorwort

Wer ist der originellste und fruchtbarste Geist, den Amerika bislang hervorgebracht hat? Die Antwort »Charles S. Peirce« ist deshalb unumstritten, weil jeder andere erst in einem so großen Abstand folgt, daß es sich nicht lohnte, ihn zu erwähnen. Er war Mathematiker, Astronom, Chemiker, Geodät, Landvermesser, Kartograph, Meteorologe, Spektroskopist, Ingenieur, Erfinder; gleichfalls betätigte er sich als Psychologe, Philologe, Lexikograph, Wissenschaftshistoriker, mathematischer Ökonom, und während seines ganzen Lebens befaßte er sich mit der Medizin; darüber hinaus arbeitete er als Buchrezensent, Dramatiker, Schauspieler, Kurzgeschichtenautor; mit gleichem Recht ist er aber auch als Phänomenologe, Semiotiker, Logiker, Rhetoriker, Metaphysiker und – wie die Sebeoks jetzt hinzufügen – als Detektiv zu bezeichnen! Er war, um einige Beispiele anzuführen, der erste moderne Experimentalpsychologe auf dem amerikanischen Kontinent, der erste Meteorologe, der die Wellenlänge des Lichts als Maßeinheit nutzte, der Entdecker der quincunxialen Sphärenprojektion, der erste bekannte Forscher, der die konstruktiven und theoretischen Bedingungen eines elektrischen Schaltkreiscomputers durchschaute, und der Begründer der »Forschungsökonomie«. Er ist der einzige Philosoph auf dem amerikanischen Kontinent, der ein System entwickelt hat, der sowohl im Bereich der Logik und der Mathematik als auch in einer Vielzahl anderer wissenschaftlicher Disziplinen kompetent und produktiv gewesen ist. Sollte es in dieser Hinsicht in der gesamten Philosophiegeschichte überhaupt jemanden geben, der sich mit ihm messen könnte, so kommen dafür höchstens zwei Personen in Frage.

Peirce (der seinen Namen pə:s aussprach) wurde im Jahre 1839 in Cambridge, Massachusetts, geboren. Sein Vater war Professor der Mathematik und Astronomie am Harvard College. Von daher erklärt es sich, daß Charles im naturwissenschaftlichen Milieu von Cambridge aufwuchs. Im Jahre 1859 bestand er sein Bachelor-Examen an der Harvard Universität und 1863 wurde er an der Lawrence Scientific School mit der Note *summa cum laude* zum Doktor der Chemie promoviert. Seine längsten Anstellungen fand er (1) als Naturforscher beim *Coast and Geodetic Survey* in den Jahren 1859–1860 und 1861–1891, und in Verbindung damit als Beobachter am Observatorium des Harvard College von 1867 bis 1875; (2) als Rezensent vornehmlich philosophischer, naturwissenschaftlicher und mathematischer Bücher für die Zeitschrift *The Nation* in den Jahren 1869–1908 (parallel zu seiner Rezensionstätigkeit für die New Yorker *Evening Post* von 1890 bis 1908); und (3) als Logik-Dozent an der Johns Hopkins Universität von 1879 bis 1884. Er veranstaltete Vorlesungsreihen an der Harvard Universität in den Jahren 1865, 1869–1870, 1903 und 1907; am Lowell Institut in Boston las er 1866, 1892–1893 und 1903; 1898 leitete er die sog. »Cambridge Konferenzen«; neben diesen Vorlesungen wären noch gelegentliche Vorlesungsreihen an verschiedenen Orten zu erwähnen. Er gehörte 1889–1891 zu den Hauptautoren des sechsbändigen *Century Dictionary;* in gleichem Maße beteiligte er sich 1901–1902 an Baldwins zweibändigem *Dictionary of Philosophy and Psychology*. 1867 wurde er zum Mitglied der *American Academy of Arts and Sciences* gewählt;

1877 wurde er Mitglied der *National Academy of Sciences* und 1880 der *London Mathematical Society*. Seine Arbeit beim *Coast and Geodetic Survey* umfaßte fünf Phasen, während derer er seinen Dienst in Übersee versah; insgesamt verbrachte er fast drei der dreizehn Jahre von 1870 bis 1883 in Übersee. Er repräsentierte die Vereinigten Staaten bei Zusammenkünften der *International Geodetic Association* und wurde dadurch zum ersten amerikanischen Delegierten irgendeiner internationalen wissenschaftlichen Gesellschaft. Es sind weit über hundert Doktorarbeiten, dreißig Bücher und rund tausend Aufsätze und Kapitel geschrieben worden, die sich mit verschiedenen Aspekten seines Werks auseinandersetzen.

Die umfangreichsten Ausgaben seiner Schriften sind (1) die acht Bände der *Collected Papers* (die bei der Harvard University Press erschienen), deren Bände 1–6 von Charles Hartshorne und Paul Weiss in den Jahren 1931–1935 herausgegeben wurden, während die Ausgabe der Bände 7 und 8 im Jahre 1958 von Arthur W. Burks besorgt wurde (im allgemeinen werden die *Collected Papers* [*CP*] unter Angabe der Band- und Paragraphen-Nummer zitiert); (2) wäre die vierbändige, in fünf Teile gegliederte Textsammlung *The New Elements of Mathematics* (Mouton) zu erwähnen, die Carolyn Eisele 1976 herausgab; und (3) liegt die dreibändige Ausgabe *Contributions to »The Nation«* vor (Texas Tech Press, Lubbock), die Kenneth L. Ketner und James E. Cook 1975–1979 edierten. Die größte Sammlung von Peirce-Manuskripten und -Briefen befindet sich in der Houghton-Bibliothek der Harvard Universität; man vergleiche dazu Richard S. Robin, *Annotated Catalogue of the Papers of Charles S. Peirce* (University of Massachusetts Press 1967) sowie *The Peirce Papers: A Supplementary Catalogue* (in: *Transactions of the Charles S. Peirce Society* 7, 1971,

S. 37–57). Eine Mikrofilm-Ausgabe des größeren Teils dieser Schriften ist beim *Photoduplication Department* der *Harvard University Library* erhältlich. Es existiert gleichfalls eine nahezu vollständige Microfiche-Ausgabe der Schriften, die Peirce selbst publizierte; diese Ausgabe wird durch eine *Bibliography* ergänzt, die sowohl Primär- als auch Sekundärliteratur verzeichnet (*Institute for Studies in Pragmaticism*, Texas Tech University, Lubbock) und von Ketner und anderen 1977 herausgegeben wurde. Eine neue Auswahlsammlung der publizierten und unpublizierten Schriften von Peirce wird in einer durchgängig chronologischen Ordnung in zwanzig Bänden ab 1980 bei der Indiana University Press erscheinen. Band 1 wird die Jahre 1857–1866 umfassen, wobei der größte Teil dieses Bandes zum ersten Mal in gedruckter Form erscheinen wird.

Die Episode im Leben von Peirce, die die Autoren des vorliegenden Buches *Du kennst meine Methode* dazu veranlaßte, ihn mit Sherlock Holmes zu vergleichen, ereignete sich vor einem Jahrhundert, um genau zu sein: im Jahre 1879, als Peirce im Dienst des *Coast and Geodetic Survey* stand. Es handelte sich dabei um eines seiner fruchtbarsten Jahre. Zwei kurze Beispiele sollen das belegen: (1) Seine Schrift *Note on the Theory of the Economy of Research,* die einen neuen Forschungsbereich der Ökonomie eröffnete, ist im Jahresbericht des *Survey* für das Jahr 1876 abgedruckt, der 1879 erschien. (2) Sein Artikel *A Quincuncial Projection of the Sphere* erschien im *American Journal of Mathematics.* (Während des Zweiten Weltkriegs veröffentlichte der *Survey* eine neue und wesentlich erweiterte Ausgabe der Karte unter dem Titel *Peirce's World-Quincuncial Projection,* die man für die beste Möglichkeit hielt, internationale Flugrouten zu verzeichnen. 1963 ließ der *Survey* ein Forschungsschiff auslaufen, das nach ihm benannt ist und zur Zeit im Dienst der *National Oceanic and Atmospheric Administration* steht.)

Peirce war zwölf Jahre früher, im Frühjahr 1867, von seinem Vater Benjamin Peirce, dem seinerzeit führenden Mathematiker, der kurze Zeit zuvor Direktor des *Coast Survey* geworden war, in die Methoden der Ermittlung eingeführt worden. Den Anlaß bildete der Rechtsstreit um das Testament von Sylvia Ann Howland. Es handelte sich um einen der berühmtesten Rechtsfälle, die jemals vor Gericht kamen, wobei das aufsehenerregendste unter den zahlreichen aufsehenerregenden Merkmalen dieses Falles die Aussage der beiden Peirce war. Die Streitfragen lauteten, ob (1) die Unterschriften von Fräulein Howland auf den beiden Ausfertigungen der »zweiten Seite« des Nachtrags zu einer früheren Testamentsfassung echt oder dadurch gefälscht waren, daß man ihre Unterschrift unter das Testament durchpauste, und (2) ob unter der Annahme, sie seien echt, der Testamentsnachtrag eine spätere Testamentsfassung, die für ihre Nichte Hetty H. Robinson wesentlich ungünstiger ausfiel, außer Kraft setzte. Die beiden Peirce konzentrierten sich auf die erste der beiden Fragen. Unter der Anleitung seines Vaters untersuchte Charles photographische Vergrößerungen von zweiundvierzig echten Unterschriften auf Positionsübereinstimmungen in ihren 30 Grundstrichen hin. In 25830 verschiedenen Vergleichen der Grundstriche entdeckte er 5325 Übereinstimmungen, so daß die relative Übereinstimmenshäufigkeit kleiner als ein Fünftel war. Unter Anwendung der Wahrscheinlichkeitstheorie errechnete sein Vater, daß eine Übereinstimmung echter Unterschriften, die so vollständig ist wie diejenige zwischen den Unterschriften auf dem Testamentsnachtrag oder zwischen beiden und derjenigen auf dem in Frage stehenden Testament, nur einmal in 5^{30} Fällen vorkommen würde. Der Richter war nicht darauf vorbereitet, seine Entscheidung mittels der Wahrscheinlichkeitstheorie zu begründen, aber er entschied in der zweiten Frage gegen Fräulein Robinson. (Nichtsdestoweniger heiratete sie später in demselben Jahr 1867 Edward H. Green und war als Hetty Green auf dem Wege, »die Hexe von Wall Street« zu werden.) In einem langen Artikel über den *Howland Testamentsstreit,* der im Juli 1870 in dem *American Law Review* publiziert wurde, konnte man lesen: »Im Anschluß daran werden die absonderlichsten Erzählungen Poes als armseligste Nachahmungen erscheinen.«

In den erhalten gebliebenen Peirce-Manuskripten findet sich die früheste Darstellung der Episode von 1879, die er publizieren wollte, in einem 1904 verfaßten Entwurf eines Artikels mit dem Titel *Über den einfachst möglichen Beweis der Mathematik.* Andere Teile dieses Artikels erschienen zum ersten Mal 1976 in *The New Elements of Mathematics,* Bd. I, S. 158–169.

Die ausführlichste Darstellung, und die einzige bislang publizierte, findet sich in einem Aufsatz mit dem Titel *Über Annahmen (Guessing),* den er im Frühjahr 1907, d.h. achtundzwanzig Jahre nach dieser Episode, abfaßte. Er wurde erstmals 1929 in dem kurzlebigen Magazin *Hound and Horn* fünfzehn Jahre nach dem Tod von Peirce und fünfzig Jahre nach dem Ereignis veröffentlicht. (Andere Teile dieses Aufsatzes wurden 1958 in den *Collected Papers* 7.36–48 erneut abgedruckt. Dieser zentrale Teil wurde jedoch außer einer kurzen Erwähnung in einer Anmerkung des Herausgebers ausgelassen.)

Nur sehr wenige Peirce-Forscher haben auf die Originalquelle in der Zeitschrift *Hound and Horn* zurückgegriffen. Es blieb deshalb den Autoren des vorliegenden

Buches *Du kennst meine Methode*, ein Jahrhundert nach der Episode, vorbehalten, uns an den Aufsatz *Über Annahmen* zu erinnern, um dadurch Holmes' Kenntnisse einem großen Philosophen vorzustellen, und um gleichzeitig die Peirceschen Kenntnisse für eine Lektüre seiner anderen Schriften unter einem neuartigen Blickwinkel nutzbar zu machen.

Die außerordentliche Vielfalt der Peirceschen Schriften läßt sich dennoch in einem gemeinsamen Brennpunkt sammeln und all diese Schriften verfolgen ein gemeinsames Ziel. Den Brennpunkt bildete die Logik, die ursprünglich als ein Teilbereich einer Abteilung der Semiotik, schließlich aber als nahezu deckungsgleich mit ihr betrachtet wurde, auch wenn eine Akzentsetzung zu berücksichtigen ist, die von derjenigen solcher Semiotiker zu unterscheiden ist, die keine Logiker sind. Das Ziel bestand darin, die möglichen Semiosearten oder Zeichenfunktionen zu unterscheiden; in diesem Zusammenhang war das Hauptaugenmerk auf die ihm höchst mögliche Sorgfalt bei der Untersuchung speziell der argumentischen Zeichen gerichtet, die ihn vornehmlich im Hinblick auf ihre Funktionen in der Mathematik und in den Naturwissenschaften beschäftigten. Seine größte Einzelentdeckung bestand darin, daß dasjenige, was er zuerst *Hypothese* und später *Abduktion* oder *Retroduktion* nannte, eine besondere Art des Arguments darstellt, sich sowohl von der Deduktion als auch von der Induktion unterscheidet, und in der Mathematik wie in den Naturwissenschaften unentbehrlich ist. Diese Entdekkung läßt sich mindestens auf das Jahr 1866 zurückdatieren, und eines der Hauptinteressen des ersten Bandes der neuen Edition ist auf die Schritte gerichtet, die Peirce zu dieser Einsicht führten.

Wie auch immer die Fachbezeichnung und die Definition dieser dritten Schlußform lauten mögen, und wie auch immer die genaue Ausarbeitung ihrer Beziehungen zu den beiden anderen ausfallen mag, ist doch eines ihrer wesentlichsten Merkmale in etwas zu suchen, das umgangssprachlich als *Annahme* bezeichnet wird. Vergleicht man also den historischen Peirce mit dem fiktiven Sherlock Holmes als Detektive und Erfinder einer Ermittlungstheorie, so stellt das nicht nur einen unterhaltsamen Zeitvertreib anhand der Erkenntnisse von Holmes dar, sondern es wird dadurch den Lesern, die noch nicht mit der Peirceschen Philosophie vertraut sind, der bestmögliche Zugang dazu eröffnet.

Im großen und ganzen kennen selbst diejenigen, die bereits mit dem Peirceschen Werk vertraut *sind*, nur einzelne losgelöste Teile davon. So ist es beispielsweise sehr wahrscheinlich, daß ihn ein Philosoph als den Begründer des Pragmatismus kennt, und daß ihn ein Semiotiker als den (oder einen der zwei oder drei) Begründer der heutigen Semiotik ansieht. Aber weder die Philosophen noch die Semiotiker scheinen sich darüber im klaren zu sein, daß sein Pragmatismus ein Theorem der Semiotik war, und daß ein großer Teil seiner Arbeit im Bereich der Semiotik dem Zweck diente, seinen Beweis dieses Theorems zu vervollkommnen. Die vielleicht klarste Darstellung seiner Beweisführung ist diejenige, die er im Frühjahr 1907 in Form eines langen, unbetitelten Briefes an den Herausgeber der Zeitschrift *The Nation* entwickelte. *Über Annahmen* war eine Konsequenz dieses Briefes, da sich dieser Aufsatz nicht in den Rahmen eines Briefes zwingen ließ. Ungefähr zu demselben Zeitpunkt, als der Brief geschrieben wurde, hörte Peirce, daß Bliss Perry, der Herausgeber der Zeitschrift *Atlantic Monthly*, daran interessiert war, und er schickte ihm sowohl den Brief als auch den Aufsatz *Über Annahmen*. Keiner von beiden wurde zum Druck angenommen. Nach einer gewissen Zeit bekam Peirce sie zurück und schickte den Brief an die Zeitschrift *The Nation,* wo Paul Elmer More die Nachfolge des Herausgebers Wendell Phillips Garrison angetreten hatte. Der Brief wurde niemals gedruckt, und er wurde – soweit uns bekannt ist – auch niemals an den Autor zurückgeschickt. Es blieben jedoch dreihundertfünfzig Konzeptseiten als Manuskript 318 erhalten, und die Herausgeber der *Collected Papers* fügten zwei Konzepte direkt vor dem letzten Satz von *CP* 5.481 zusammen, um auf diese Weise einen Text zu erstellen, den sie *Ein Überblick über den Pragmatizismus* (*CP* 5.464–496) nannten. Die besten Teile des Manuskripts 318 blieben unveröffentlicht, und auch wenn die meisten Leser unter Umständen einen gewissen Eindruck von der Beziehung zwischen der Semiotik und dem Pragmatismus erhalten, wird ihnen die Beziehung zwischen den beiden Teilaspekten und der Rolle von *Über Annahmen* im Ermittlungsprozeß nicht klar. Die Zersplitterung setzt sich also fort.

Womit sollte ein Anfänger dann aber beginnen? Ich schlage vor, mit *Du kennst meine Methode,* woran sich die Lektüre der Passage *CP* 7.36–48 anschließen sollte, um den größten Teil des verbleibenden Restes des Aufsatzes *Über Annahmen* kennenzulernen, denn um mit dem Peirce-Epitaph zu sprechen, das Thomas A. Sebeok und Jean Umiker-Sebeok gewählt haben: »Entweder erfassen wir die Wahrheit mit Hilfe von Annahmen oder überhaupt nicht.«

Max H. Fisch

Die *Bristol* von der »Fall River«-Linie.

(Aus *The Night Boat* von George W. Hilton. Reproduziert mit Genehmigung der Howell-North Books.)

I
C. S. Peirce – Beratender Detektiv

Am Freitag, dem 20. Juni 1879, begab sich Charles S. Peirce in Boston an Bord des Dampfschiffes *Bristol*, um nach New York zu fahren, wo er am nächsten Tag an einer Konferenz teilnehmen wollte. Als er am folgenden Morgen in New York ankam, verspürte er etwas, das er als ein »eigenartiges, verschwommenes Gefühl« in seinem Kopf beschrieb, und das er auf die verbrauchte Luft in seiner Kabine zurückführte. Er kleidete sich hastig an und verließ das Schiff. In seiner Eile, an die frische Luft zu gelangen, ließ er versehentlich seinen Überzieher und eine kostbare Ankeruhr von Tiffany zurück, die ihm die US-Regierung für seine Arbeit beim *Coast Survey* zur Verfügung gestellt hatte. Peirce bemerkte sein Versehen sehr bald und lief zu dem Schiff zurück, um dort nur noch zu bemerken, daß seine Sachen verschwunden waren. Er hatte in diesem Augenblick das Gefühl, daß es für ihn eine »lebenslängliche berufliche Schande« wäre, wenn es ihm nicht gelänge, die Uhr in einem genauso guten Zustand zurückzugeben, wie er sie erhalten hatte. Deshalb ließ er, wie er uns erzählt, »alle farbigen Kellner, gleichgültig auf welchem Deck sie arbeiteten, kommen und sich in einer Reihe aufstellen [...]«.

Ich ging vom Anfang der Reihe bis zu ihrem Ende, und sprach mit jedem von ihnen, und zwar in so unbeteiligter Weise, wie es mir nur möglich war, wobei ich irgendein Thema wählte, über das er mit Interesse sprechen konnte, ohne daß ich auch nur im geringsten erwarten konnte, daß mich diese Gespräche weiterbrachten; dabei hoffte ich allerdings, daß ich als ein solcher Trottel erscheinen würde, so daß es mir möglich würde, irgendein Symptom dafür zu entdecken, daß er der Dieb ist. Nachdem ich am Ende der Reihe angelangt war, drehte ich mich um und ging ein Stückchen zur Seite, ohne jedoch fortzugehen, und sagte mir: »Es gibt nicht den geringsten Anhaltspunkt, dem ich nachgehen könnte.« Daraufhin antwortete mir meine innere Stimme (wir sprechen nämlich immer in Dialogform miteinander): »Aber du *mußt* einfach den Mann verpfeifen. Auch wenn du keinen konkreten Anhaltspunkt hast, mußt du sagen, wen du für den Dieb hältst.« Ich machte einen kleinen Schlenker auf meinem Rundgang, der kaum eine Minute gedauert hatte, und als ich mich ihnen wieder zuwandte, war jeder Anflug von Zweifel verschwunden. Von Selbstkritik konnte keine Rede mehr sein. Dafür war hier nicht der richtige Platz.[1]

Peirce nahm den Verdächtigen zur Seite, aber es gelang ihm weder mit vernünftigen Argumenten noch mit Drohungen oder dem Versprechen, ihm fünfzig Dollar zu geben, sein Eigentum zurückzuerhalten. Daraufhin »rannte er zum Dock und ließ sich so schnell die Droschke nur konnte zu Pinkerton fahren«. Er wurde zu einem gewissen Herrn Bangs, dem Leiter der New Yorker Filiale dieses berühmten Detektivbüros, geführt, und berichtet über das folgende Gespräch:

»Herr Bangs, ein Neger auf dem ›Fall River‹-Schiff, dessen Namen so-und-so lautet (ich nannte ihm den Namen), hat mir meine Uhr, die Uhrkette und einen leichten Überzieher gestohlen. Die Uhr stammt von Charles Frodsham und hier ist die Nummer. Er wird das Schiff um 1 Uhr verlassen, und er wird die Uhr sofort versetzen, wofür er fünfzig Dollar bekommen wird. Ich möchte, daß Sie ihn beschatten, und sobald er den Pfandschein in Händen hält, möchte ich, daß Sie ihn verhaften lassen.« Daraufhin erwiderte Herr Bangs: »Wie kommen Sie zu Ihrer Annahme, er habe Ihnen Ihre Uhr gestohlen?« »Wie ich

George H. Bangs, Generaldirektor der Pinkerton's National Detective Agency, 1865–1881.

(Aus: *The Pinkertons* von James D. Horan. Reproduziert mit Genehmigung der Pinkerton's, Inc.)

darauf komme«, antwortete ich, »nun, ich habe keinen vernünftigen Grund für diese Mutmaßung; trotzdem bin ich fest davon überzeugt, daß es sich so verhält. Sollte er nicht zu dem Pfandleiher gehen, um die Uhr los zu werden, was er meines Erachtens sicherlich tun wird, dann wäre die Angelegenheit erledigt und Sie brauchen keine weiteren Schritte zu unternehmen. Ich weiß jedoch, daß er das tun wird. Ich habe Ihnen die Nummer der Uhr gegeben und hier ist meine Karte. Sie werden ihn sicherlich festnehmen lassen können.«[2]

Es wurde ein Pinkerton-Mitarbeiter mit seinem Fall beauftragt, aber man teilte ihm mit, er solle eher »nach seinen eigenen Schlüssen handeln«, als sich nach Peirces Mutmaßungen über den möglichen Schuldigen zu richten. Der Detektiv, der die persönliche Vergangenheit aller »Fall River«-Kellner durchforschte, begann einen anderen Mann zu beschatten als denjenigen, den Peirce verdächtigte, aber das stellte sich als eine falsche Spur heraus.

Als der Detektiv mit seinen Nachforschungen in dieser Weise in eine Sackgasse geraten war, ging Peirce erneut zu Herrn Bangs, wo er den Rat erhielt, allen Pfandleihern von Fall River, New York und Boston eine Postkarte zu schicken und eine Belohnung für die Wiedererlangung seiner Uhr auszusetzen. Die Postkarten wurden am 23. Juni verschickt. Am folgenden Tag erhielten Peirce und sein Pinkerton-Detektiv die Uhr von einem New Yorker Rechtsanwalt zurück, der sie zu dem Pfandleiher führte, der sich auf das Versprechen einer Belohnung hin gemeldet hatte. Der Pfandleiher »beschrieb die Person, die die Uhr versetzt hatte, so anschaulich, daß kein Zweifel mehr daran bestehen konnte, daß es sich dabei um ›meinen [d.h. Peirces] Mann‹ handelte«.[3]

Peirce und der Detektiv machten sich dann auf den Weg zu der Unterkunft des Verdächtigen in der Absicht, auch

PFANDLEIHER!

Bitte festhalten, wenn sie Ihnen angeboten wird, oder uns benachrichtigen, wenn Sie sie erhielten:

Reingoldene Ankeruhr mit Sprungdeckelgehäuse,
Nr. 04555,
Hersteller: Charles Frodsham. Die Uhr wurde am Samstag, dem 21. Juni 1879, aus einer Kabine des Fall River-Dampfers »Bristol« gestohlen.

Für die Wiedererlangung sind 150 Dollar Belohnung ausgesetzt.

Alle diesbezüglichen Hinweise werden erbeten an:

Allan Pinkerton

23. Juni 1879 66 Exchange Place, New York

Ein unbenutztes Exemplar der Postkarte, mit der eine Belohnung für die Wiedererlangung der Uhr von Peirce ausgesetzt wurde.
(Aus dem Archiv des *Coast and Geodetic Survey* im National Archiv.

die fehlende Uhrkette und den Überzieher zurückzubekommen. Der Detektiv zögerte, die Räumlichkeiten unbefugt zu betreten. Peirce, der sich über die Unfähigkeit des Detektivs sehr ärgerte, betrat deshalb die Wohnung allein, allerdings nicht ohne dem Detektiv vorher zuversichtlich gesagt zu haben, daß er in genau zwölf Minuten mit seinem Eigentum zurück wäre. Den folgenden Ablauf der Ereignisse beschrieb er dann so:

Ich stieg die drei Treppenfluchten hinauf und klopfte an die Wohnungstür. Eine gelbhäutige Frau öffnete; eine zweite mit derselben Hautfarbe stand direkt hinter ihr; sie trug keine Kopfbedeckung. Ich trat ein und sagte: »Ihr Gatte ist gerade auf dem Weg nach Sing Sing, weil er meine Uhr gestohlen hat. Ich habe erfahren, daß sich meine Uhrkette und mein Überzieher, die er ebenfalls gestohlen hat, hier befinden, und ich bin gekommen, um die Sachen abzuholen.« Die beiden Frauen begannen daraufhin schrecklich zu lamentieren und drohten, sofort die Polizei zu holen. Ich kann mich nicht genau daran erinnern, was ich erwiderte; ich weiß nur noch, daß ich ganz ruhig blieb und ihnen sagte, daß sie sich sehr irrten, wenn sie glaubten, sie würden die Polizei holen, da die ganze Sache für den Ehemann dadurch nur schlimmer würde. Denn wenn ich in Erfahrung brachte, wo sich meine Uhrkette und mein Überzieher befänden, sollte ich sie bekommen, bevor die Polizei eintraf. [...] Ich entdeckte in dem Zimmer keine Stelle, an der sich die Kette voraussichtlich befinden konnte, und ging deshalb in das angrenzende Zimmer. Außer einem Doppelbett und einer hölzernen Truhe gegenüber dem Bett gab es nur wenige Möbel in dem Zimmer. Ich sagte: »Meine Uhrkette befindet sich also unten in dieser Truhe unter der Wäsche; ich werde sie jetzt herausnehmen [...].« Ich kniete mich hin und stellte fest, daß die Truhe glücklicherweise nicht abgeschlossen war. Nachdem ich alle Wäsche herausgeworfen hatte [...], stieß ich schließlich [...] auf meine Kette. Ich befestigte sie sofort an meiner Uhr und bemerkte dabei, daß die zweite Frau (diejenige, die keine Kopfbedeckung trug) verschwunden war, ungeachtet des lebhaften Interesses, das sie an meinen ersten Schritten gezeigt hatte. Ich sagte: »Jetzt brauche ich also bloß noch meinen leichten Überzieher zu finden.« [...] Die Frau breitete ihre Arme aus und sagte: »Sie können ruhig überall nachschauen.« Ich antwortete: »Ich bin Ihnen sehr zu Dank verpflichtet, gnädige Frau, denn mit dieser bemerkenswerten Änderung Ihres Tonfalls, den Sie anschlugen, als ich die Truhe zu durchsuchen begann, zeigen Sie mir deutlich an, daß sich der Überzieher hier nicht befindet [...].« Daraufhin verließ ich die

Wohnung und stellte draußen fest, daß sich auf derselben Etage noch eine zweite Wohnung befand.

Auch wenn ich mich nicht mehr genau erinnere, nehme ich an, daß ich sehr wahrscheinlich davon überzeugt war, daß das Verschwinden der anderen Frau im Zusammenhang mit der betonten Bereitschaft stand, mich in der Wohnung, die ich gerade verlassen hatte, nach meinem Überzieher suchen zu lassen. Ich war fest davon überzeugt, daß die andere Frau ganz in der Nähe wohnen mußte. Um also weiter zu kommen, klopfte ich an die Tür der gegenüberliegenden Wohnung. Zwei gelbhäutige oder fahlgelbe Mädchen öffneten. Ich schaute ihnen über ihre Schultern und sah ein ganz respektabel wirkendes Wohnzimmer mit einem hübschen Klavier. Auf dem Klavier allerdings lag ein ordentliches Päckchen, das gerade die richtige Größe und die entsprechende Gestalt hatte, um meinen Überzieher enthalten zu können. Ich sagte: »Ich bin gekommen, weil es hier ein Päckchen gibt, das mir gehört; ach ja, da ist es ja; dann kann ich es ja gleich nehmen.« Ich schob sie sachte zur Seite, ergriff das Päckchen, öffnete es, und fand meinen Überzieher, den ich auch gleich anzog. Ich bin dann wieder auf die Straße gegangen und traf ungefähr fünfzehn Sekunden vor Ablauf meiner zwölf Minuten bei meinem Detektiv ein.[4]

Peirces bemerkenswerte Selbstsicherheit findet einen liebenswürdigen Ausdruck in einem Brief, den er am nächsten Tag an den Direktor des *Coast Survey*, Herrn C. P. Patterson, schrieb:

Ich möchte Ihnen mitteilen, daß ich am vergangenen Samstag hier eintraf und daß mir meine Uhr, die Eigentum des *Survey* ist, im Augenblick meiner Ankunft [...] gestohlen wurde. Ich habe sofort mit den Nachforschungen begonnen und war glücklicherweise heute nachmittag erfolgreich. Ich hoffe sehr, daß ich den Dieb morgen früh gegen sieben Uhr dingfest machen kann [...].

Am folgenden Tag, dem 25. Juni, schrieb Peirce an Direktor Patterson: »Die beiden Neger, die die Uhr gestohlen haben, wurden heute dem Gericht übergeben. Ich habe alles zurückbekommen. Bei dem Dieb handelt es sich genau um den Mann, den ich entgegen der Meinung des Detektivs von Anfang an verdächtigte.«

In einem wesentlich späteren Brief an seinen Freund und Schüler, den Harvard-Philosophen und Psychologen William James (1842–1910), wurde diese Detektivgeschichte angeführt als Erläuterung für die von Peirce vertretene »Theorie, weshalb man so oft richtige Annahmen vertritt«. »Dieser einmalige Rate-Instinkt«[5] bzw. die Neigung, eine Hypothese zu vertreten, was Peirce gewöhnlich als *Abduktion*[6] oder *Retroduktion* bezeichnete, wird beschrieben als ein »einzigartiger Salat [...], dessen wichtigste Ingredienzen in seiner Grundlosigkeit, seiner Allgegenwart und seiner Zuverlässigkeit bestehen«.[7] Über seine Allgegenwart schreibt Peirce:

> Wenn ich an diesem schönen Frühlingsmorgen zum Fenster hinaus schaue, sehe ich eine Azalee in voller Blüte. Nein, nein! Das sehe ich nicht, obwohl das die einzige Möglichkeit ist, das zu beschreiben, was ich sehe. *Das* ist eine Proposition, ein Satz, eine Tatsache, während dasjenige, was ich wahrnehme, keine Proposition, kein Satz, keine Tatsache ist, sondern lediglich ein Bild, das ich zum Teil mit Hilfe einer Tatsachenaussage verständlich mache. Diese Aussage ist abstrakt, während demgegenüber dasjenige, was ich sehe, konkret ist. Ich stelle eine Abduktion auf, wenn ich nichts anderes tue, als in einem Satz all das auszudrücken, was ich sehe. Die Wahrheit ist, daß unsere gesamte Erkenntnisstruktur von reinen Hypothesen überzogen ist, die mit Hilfe der Induktion bestätigt und weiter entwickelt wird. Die Erkenntnis läßt sich über das Stadium leeren Stierens hinaus nicht im geringsten erweitern, macht man nicht bei jedem Schritt eine Abduktion.[8]

Wenn alle neue Erkenntnis von der Ausbildung einer Hypothese abhängt, dann scheint doch nichtsdestoweniger »zu Beginn kein Platz für die Frage zu sein, wodurch sie gestützt wird, da sie aus einem konkret vorliegenden Faktum lediglich ein *vielleicht* (*vielleicht* ja und *vielleicht* nein) schließt. Es gibt allerdings eine deutliche Tendenz in Richtung der Bestätigung, und die Häufigkeit, mit der sich das als eine konkret vorliegende Tatsache herausstellt, [...] gehört mit zu dem Überraschendsten unter allen Wundern des Universums.«[9] Indem er unsere Fähigkeit zur Abduktion vergleicht mit »den musikalischen und fliegerischen Vermögen eines Vogels, d.h., daß diese Tatsache für uns das bedeutet, was die genannten Vermögen für einen Vogel sind, nämlich die vornehmsten unserer bloß instinktiven Vermögen«[10], stellt Peirce fest, daß »die Retroduktion auf die Hoffnung gerichtet ist, daß zwischen dem Geist des Denkenden und der Natur eine hinreichende Verwandtschaft besteht, um die Formulierung von Annahmen nicht völlig hoffnungslos werden zu lassen, vorausgesetzt, daß jede Annahme durch den Vergleich mit der Beobachtung geprüft wird«.[11]

Peirce vertrat an anderer Stelle die Ansicht, daß die Fähigkeit eines frisch geschlüpften Kükens, Körner aufzupicken, »und beim Picken auszuwählen und nur das aufzupicken, was es picken möchte«, wobei es »nicht nachdenkt, da dieser Vorgang nicht bewußt geschieht«, trotzdem »in jeder Hinsicht nichts anderem [...] als einem abduktiven Schluß gleicht«, und er führt im weiteren die Natur- und die Sozialwissenschaften auf die animalischen Instinkte zurück, die sich auf den Erwerb von Nahrung und die Fortpflanzung richten.[12] Die Retroduktion gehört zu einer Art des Instinktverhaltens, für die man die beiden klassischen Beispiele des Zugs der Wanderdrossel und den Stockbau der Bienen anführen kann. Peirce nannte das scheinbar intelligente Verhalten der niederen Tiere *il lume naturale*, was er als unentbehrlich für die Retroduktion ansah.[13] Peirce sprach von dem rationalen, animalischen und vegetativen Instinkt; wie Maryann Ayim feststellt[14], weisen alle Ebenen der Instinktaktivität »folgendes gemeinsame Merkmal auf – die Aktivität sorgt für das Überleben und das Wohlbefinden der Arten insgesamt, indem sie die einzelnen Artenmitglieder dazu in die Lage versetzt, auf die Umweltbedingungen angemessen zu reagieren«; das gilt in gleichem Maße für den Menschen als Wissenschaftler.

Nach heutiger Volksmeinung über die viktorianische Welt heißt der Mensch als Wissenschaftler vor allen anderen Sherlock Holmes, der erste Praktiker der wissenschaftlichen Verbrechensaufklärung und der Erfinder der berühmten »Wissenschaft der Deduktion und Analyse«. In Anspielung auf Holmes hat Norwood Russell Hanson die folgende interessante Beobachtung gemacht: »Oftmals richtet sich Holmes' Kommentar, ›ich habe einfach deduziert, mein lieber Watson‹ [sic][15], darauf, daß der fragliche Denkprozeß von dem zuvor Akzeptierten auf das zu Erwartende fortgeschritten ist. Genauso oft argumentiert aber auch ein Mathematiker und ein Naturwissenschaftler vom Ende der Seite ›nach oben‹.«[16] Es handelt sich hierbei um einen Aspekt desjenigen, was Peirce als »Retroduktion« identifiziert. Sie nimmt ihren Ausgang bei einer unerwarteten Anomalie und führt zu einem Gefüge von Prämissen, die größtenteils bereits akzeptiert sind.

Ein gegebenes Objekt weist eine außerordentliche Kombination von Merkmalen auf, die wir gerne erklärt haben möchten. Daß es für sie irgendeine Erklärung gibt, ist eine reine Annahme; und gibt es tatsächlich eine Erklärung, dann handelt es sich um eine versteckte Tatsache, die sie erklärt; andererseits gäbe es vielleicht eine Million andersartige Erklärungen für sie, wenn sie nicht alle unglücklicherweise falsch wären. Man findet einen Mann in den Straßen von New York, dem man ein Messer in den Rücken gestoßen hat. Der Polizeichef könnte ein Telefonbuch nehmen und mit dem Finger auf irgendeinen Namen zeigen und die Vermutung äußern, daß es sich hierbei um den Namen des Mörders handelt. Was wäre eine solche Mutmaßung wert? Aber die Menge der Namen in diesem Verzeichnis kommt der Vielzahl möglicher Anziehungsgesetze nicht nahe, die für Kepplers [sic] Gesetz der planetarischen Bewegung in Frage kamen, und die sie im Interesse der Voraussage von Strömungen etc. völlig befriedigend erklärt hätte. Man könnte dagegen einwenden, Newton sei der Ansicht gewesen, das Gesetz sei von einfacher Beschaffenheit. Was wäre das aber anderes, als eine Annahme auf die nächste zu türmen? Zugegeben, weitaus mehr Phänomene in der Natur sind eher komplex als einfach. [...] Es gibt keine Rechtfertigung dafür, mehr zu tun, als [eine Abduktion] für eine Frage zu halten.[17]

Abduktion bzw. Retroduktion – »ein armseliger Name«, wie Peirce selbst eingestand – ist einer der späteren Formulierungen Peirces zufolge, die augenscheinlich stark durch den britischen Philosophen George Berkeley (1685–1753) beeinflußt wurde, ein Kommunikationsmedium zwischen dem Menschen und seinem Schöpfer, ein »göttliches Privileg«, das gepflegt werden muß.[18] Für Peirce »wäre es der Wahrscheinlichkeitstheorie zufolge jedem Lebewesen praktisch unmöglich, durch reinen Zufall die Ursache irgendeines Phänomens zu erraten«. Von daher mutmaßt er, daß es »keinen vernünftigen Zweifel daran geben kann, daß der menschliche Geist, der unter dem Einfluß der Naturgesetze entwickelt worden ist, natürlich aus diesem Grund in etwa den natürlichen Vorgaben entsprechend denkt«.[19] »Es liegt auf der Hand«, so schreibt er, »daß dann, wenn der Mensch kein inneres Licht hätte, das dazu führt, daß seine Annahmen [...] wesentlich häufiger zutreffen, als es durch reinen

Zufall sein könnte, die menschliche Rasse schon vor langer Zeit aufgrund ihrer offensichtlichen Unfähigkeit im Existenzkampf ausgelöscht worden wäre [...].«[20]

Über das Prinzip hinaus, daß der menschliche Geist als Ergebnis der natürlichen Evolutionsprozesse dazu prädisponiert ist, zutreffende Annahmen über die Welt aufzustellen, schlägt Peirce ein zweites mutmaßliches Prinzip vor, um das Phänomen der Annahme wenigstens teilweise zu erklären, nämlich, daß »wir aus der Beobachtung oftmals deutliche Hinweise auf die Wahrheit gewinnen, ohne jedoch in der Lage zu sein, genau anzugeben, wie die von uns beobachteten Umstände beschaffen wären, die uns diese Hinweise vermittelten«.[21] Peirce war, um auf die Geschichte mit der verschwundenen Uhr zurückzukommen, nicht dazu fähig, auf einer bewußten Ebene zu bestimmen, wer von den Kellnern auf dem »Fall River«-Schiff schuldig war. Indem er sich so »passiv und rezeptiv«[22] verhielt, wie es ihm während der kurzen Unterhaltung mit jedem der Kellner nur möglich war, bemerkte er erst in dem Augenblick, als er sich zu etwas zwang, was sich als ein blinder Tip herausstellte, daß der Dieb einen unbemerkten Index abgegeben hatte, und daß er selbst dieses verräterische Zeichen in einer, wie er es nennt, »unselbst-bewußten« Weise wahrgenommen hatte, indem er »unterhalb der Bewußtseinsoberfläche eine Entscheidung vorgenommen hatte, und sie nicht als einen tatsächlichen Schluß, in ihrem eigentlichen Wahrheitsgehalt aber als eine echte Unterscheidung erkannte«.[23] Die Prozesse, mit denen wir Vermutungen über die Welt anstellen, hängen nach Peircescher Meinung von Wahrnehmungsurteilen ab, die allgemeine Elemente enthalten, so daß man aus ihnen universale Sätze deduzieren kann. Auf der Grundlage seiner experimentellen Studien zur Wahrnehmungspsychologie, die Peirce an der Johns-Hopkins-Universität zusammen mit dem bekannten Psychologen Joseph Jastrow (1863–1944), seinem damaligen Studenten[24], durchführte, gelangte er zu der Ansicht, daß diese Wahrnehmungsurteile »das Resultat eines Prozesses [sind], wenngleich eines Prozesses, der nicht genügend bewußt ist, um kontrolliert zu werden, oder, um es zutreffender auszudrükken, der nicht kontrollierbar und infolgedessen nicht völlig bewußt ist«.[25] Die verschiedenen Elemente einer Hypothese sind schon in unserem Verstande, bevor uns bewußt wird, daß wir sie vertreten, »aber erst die Idee, das zusammenzubringen, welches zusammenzubringen wir uns vorher nicht hätten träumen lassen, läßt die neu eingegebene Vermutung vor unserer Betrachtung aufblitzen«.[26] Peirce beschreibt die Bildung einer Hypothese als einen »Akt der *Einsicht*«, der »abduktiven Vermutung«, die uns »wie ein Blitz«[27] trifft. Der einzige Unterschied zwischen einem Wahrnehmungsurteil und einem abduktiven Schluß besteht darin, daß ersteres anders als letzterer der logischen Kritik nicht zugänglich ist.

Der abduktive Schluß geht allmählich in das Wahrnehmungsurteil über, ohne daß sich zwischen ihnen eine klare Trennungslinie ziehen ließe; oder, mit anderen Worten, unsere ersten Prämissen, die Wahrnehmungsurteile, sind als ein Extremfall abduktiver Schlüsse zu betrachten, von denen sie sich dadurch unterscheiden, daß sie der Kritik völlig entzogen sind.[28]

Hinsichtlich der wissenschaftlichen Methode ist die Abduktion Peirce zufolge »lediglich ein vorbereitender Schritt«, oder »der erste Schritt in Richtung wissenschaftlichen Denkens«.[29] Die anderen »grundsätzlich davon verschiedenen Denkweisen« der Wissenschaft sind die Deduktion und die Induktion.[30] Kurz gesagt, wird der Schritt der Annahme einer Hypothese oder eines Satzes, der zur Vorhersage desjenigen führen würde, was als überraschende Tatsachen erschiene, *Abduktion* genannt. Der Schritt, mit dem die notwendigen und wahrscheinlichen Konsequenzen unserer Hypothesen nachvollzogen werden, heißt *Deduktion. Induktion* ist der Terminus, den Peirce für die experimentelle Überprüfung der Hypothese benutzt.

Peirce bezeichnet die Abduktion auch als die »originäre Schlußform«, da sie unter den drei Formen des Schließens die »einzige Art des Schließens ist, die zu einer neuartigen Vorstellung führt«[31], ja, mehr noch: »Ihre einzige Rechtfertigung liegt darin, daß wir, wenn wir jemals überhaupt etwas verstehen wollen, es nur auf jene Weise können.«[32] In entsprechender Weise schreibt er: »Weder Deduktion noch Induktion können den Wahrnehmungsdaten jemals auch nur das geringste hinzufügen; und [...] bloße Wahrnehmungen konstituieren kein wie auch immer geartetes Wissen, das sich mit irgendeinem praktischen oder theoretischen Nutzen anwenden ließe. All das, was unser Wissen anwendbar macht, kommt auf dem Wege der Abduktion zu uns.«[33]

Bei der Abduktion handelt es sich um einen Instinkt, der auf die unbewußte Wahrnehmung von Beziehungen zwischen Aspekten der Welt angewiesen ist, oder, um es in einer anderen Terminologie auszudrücken, der auf der unbewußten Kommunikation von Nachrichten beruht. Gleichfalls steht sie, Peirce zufolge, in Beziehung zu einer besonderen Art von Emotion, oder genauer gesagt, sie ruft diese Emotion hervor, die sie sowohl von der Induktion als auch von der Deduktion unterscheidet:

> Die Hypothese setzt an Stelle eines komplizierten Durcheinanders von Prädikaten, die sich auf ein Subjekt beziehen, einen einzigen Begriff. Nun gibt es eine besondere Sinnesempfindung, die zu dem Akt gehört, zu denken, daß jedes dieser Prä-

dikate dem Subjekt inhäriert. Im hypothetischen Schluß wird dieses so erzeugte komplizierte Fühlen durch ein einziges Fühlen von größerer Intensität ersetzt, das zu dem Akt, die hypothetische Konklusion zu denken, gehört. Wenn nun unser Nervensystem in komplizierter Weise erregt wird und eine Relation zwischen den Elementen der Erregung besteht, so ist das Resultat eine einzige harmonische Erregung, die ich Emotion nenne. So treffen die verschiedenen Töne, die die Instrumente eines Orchesters hervorbringen, auf das Ohr, und das Resultat ist eine besondere musikalische Emotion, die sehr verschieden von den Tönen selbst ist. Diese Emotion ist wesentlich dasselbe wie ein hypothetischer Schluß, und jeder hypothetische Schluß schließt die Bildung einer solchen Emotion ein. Wir können daher sagen, daß die Hypothese das *sensuelle* Element des Denkens hervorbringt, und die Induktion das *habituelle* Element.[34]

Von daher erklärt sich die Betonung eines gewissen Vertrauens und einer gewissen Überzeugung von der Korrektheit, die Peirce hinsichtlich seiner Detektivarbeit abgibt.

Sir Arthur Conan Doyle an seinem Schreibtisch
Mitte der achtziger Jahre des vergangenen Jahrhunderts.
Angeblich ist er damit beschäftigt, die *Studie in Scharlachrot*
zu schreiben.

(Aus: *Conan Doyle* von Pierre Nordon.
Abgedruckt mit freundlicher Genehmigung des Verlagshauses John Murray.)

II
Sherlock Holmes – Beratender Semiotiker

Peirces Darstellung der Methode, mit der er seine gestohlene Uhr zurückerlangte, weist eine verblüffende Ähnlichkeit mit Dr. Watsons Beschreibung der Vorgehensweise von Sherlock Holmes auf, auch wenn es – unseres Wissens nach – keinen unmittelbaren Beweis dafür gibt, daß Peirce irgendeine der Holmes-Geschichten gelesen hat, oder daß er mit Sir Arthur Conan Doyle zusammentraf. Es ist allerdings zu vermuten, daß Peirce zumindest von den frühen Holmes-Geschichten einiges gehört hat. Die *Studie in Scharlachrot* wurde 1888 in New York von Ward, Lock publiziert, und 1890 erschien *Im Zeichen der Vier* in *Lippincott's Magazine,* dem wichtigsten zeitgenössischen Konkurrenten des *Atlantic Monthly,* von dem wir wissen, daß Peirce es las. Darüber hinaus erfreute sich Doyle bereits gegen 1894 in den Vereinigten Staaten einer gewissen Beliebtheit, als der gefeierte Autor zwei Monate in diesem Land verbrachte und eine Reihe von Vorträgen hielt und mit seinen amerikanischen Standesgenossen zusammentraf. Peirce war in einem Milieu aufgewachsen, das sowohl von Romanautoren und Künstlern als auch von Naturwissenschaftlern geprägt war. In einem Brief von 31. Januar 1908 schrieb er:

> Mein Vater war ein liberal denkender Mann und wir waren auch mit Literaten bekannt. Der Bildhauer William Story, Longfellow, James Lowell, Charles Norton, Wendell Holmes und gelegentlich Emerson gehören zu den Personen, zu denen meine frühesten Erinnerungen zurückreichen.[35]

Als Erwachsener scheint sich Peirce hinsichtlich der zeitgenössischen Entwicklungen in den literarischen Künsten auf dem laufenden gehalten zu haben, da er in seinen Rezensionen für die Zeitschrift *The Nation* häufig sowohl europäische als auch amerikanische Autoren seiner Zeit erwähnt.[36] Überdies scheint Edgar Allan Poe (1809–1849) einer seiner Lieblingsautoren gewesen zu sein.[37]

Urteilt man von seinen Verweisen auf Poes *Der Doppelmord in der Rue Morgue*, so hatte Peirce ohne Zweifel Gefallen an Detektivgeschichten. Es ist natürlich allgemein bekannt, daß die Figur des Sherlock Holmes teilweise dem Chevalier Dupin von Poe nachgebildet ist[38], aber J. L. Hitchings hat in seinem Aufsatz über Holmes als Logiker sehr zutreffend darauf hingewiesen, »daß im Gegensatz zu Dupin, der das geistige Kind eines Mathematikers und Dichters ist, Sherlock Holmes selbst in seinen theoretischen Ausführungen der Abkömmling eines Medizinergehirns ist und stets mit beiden Beinen fest auf dem Boden steht«.[39] Über seine spezielle medizinische Ausbildung hinaus war Arthur Conan Doyle von der allgemeinen Begeisterung für die Naturwissenschaft im damaligen England gefangengenommen. Gegen Mitte des neunzehnten Jahrhunderts war die Naturwissenschaft zu einem festen Bestandteil des englischen Denkens auf allen Ebenen geworden, und es war allgemein eine »vorherrschende Neigung zu positivistischer Rationalität«[40] zu verspüren. Conan Doyle spricht selbst darüber: »Man sollte sich daran erinnern, daß dies die Jahre waren, in denen Huxley, Tyndall, Darwin, Herbert Spencer und John Stuart Mill zu unseren führenden Philosophen zählten, und daß selbst der Mann auf der Straße die starke und mitreißende Strömung ihres Denkens verspürte [...].«[41] Hitchings stellt ausdrücklich einen Ver-

Edgar Allan Poe, der einer der Lieblingsautoren sowohl von Peirce als auch von Doyle war.

gleich zwischen der Logik von Holmes und derjenigen von Mill an: Holmes' »gewöhnliche Methode zur Lösung dieser schwierigen Probleme verläuft nach seiner Erweiterung der Millschen Residuenmethode«.[42] Hitchings befindet sich jedoch im Irrtum, wenn er behauptet: »Der größte Teil der Holmesschen Schlußfolgerungen ist kausaler Natur«, und wenn er dazu die eigene Bemerkung des Detektivs anführt, daß »eine Schlußfolgerung von der Wirkung auf die Ursache seltener vorkommt und folglich schwieriger ist als der Schluß von der Ursache auf die Wirkung«.[43]

In den Sherlock Holmes-Romanen und -Erzählungen finden sich häufig Anspielungen, die Holmes mit einem Fuchshund vergleichen – so etwa besonders deutlich in *Studie in Scharlachrot, Die tanzenden Männchen, London im Nebel* und in *Der Teufelsfuß.* So schreibt Watson beispielsweise in der Erzählung *Das Geheimnis von Boscombe Valley:*

Holmes war wie verwandelt. Wer nur den ruhigen Logiker und Denker der Baker Street erlebt hatte, der hätte ihn nicht wiedererkannt. Seine Augenbrauen hatten sich zu zwei harten schwarzen Linien zusammengezogen, während seine Augen mit einem stählernen Glitzern darunter hervorstachen. Er hielt den Kopf, ja sogar die Schultern gesenkt, die Lippen zusammengepreßt. Er war so ausschließlich auf die Spur, die er verfolgte, konzentriert, daß er eine Frage oder eine Bemerkung entweder überhaupt nicht hörte oder aber nur mit einem ungeduldigen Knurren beantwortete.

Pierre Nordon kommentiert unter Bezugnahme auf diese Passage: »Wir sehen, wie ein Mann vor unseren eigenen Augen mit größter Geschwindigkeit in einen Fuchshund verwandelt wird, bis er nahezu seine Sprachfähigkeit verloren zu haben scheint und sich nur noch durch Laute artikuliert«[44], wobei allerdings statt dessen seine instinktiven, nonverbalen Wahrnehmungs- und Abduktionsfähigkeiten beachtet werden sollten.

Auf dem Hintergrund einer derartigen intuitiven Spurensicherung ist Holmes dazu in der Lage, seine Hypothesen zu formulieren, auch wenn er dazu neigt, sowohl die Wahrnehmungs- als auch die Hypothesenprozesse der Rubrik »Beobachtung« zu subsumieren, wie beispielsweise in der folgenden Passage aus dem Kapitel *Die Wissenschaft der Deduktion* in dem Buch *Im Zeichen der Vier*, wo Holmes und Watson über einen französischen Detektiv mit Namen François le Villard diskutieren:

[Holmes:] Er besitzt selbst bemerkenswerte Talente, und zwar zwei jener drei Eigenschaften, die für den idealen Detektiv unerläßlich sind. Er hat die Gabe der Beobachtung und die der Deduktion. Nur Kenntnisse fehlen ihm noch [...].

[Watson:] Du sprachst eben von Beobachtung und Deduktion. Das eine schließt doch wohl das andere bis zu einem gewissen Grad ein.

[Holmes:] Durchaus nicht [...]. Beobachtung zeigt mir, zum Beispiel, daß du heute morgen im Postamt an der Wigmore Street warst, aber erst eine Deduktion bringt mich auf den Gedanken, daß du dort ein Telegramm aufgegeben hast.

[Watson:] Stimmt [...]. Doch ich muß zugeben, ich weiß nicht, wie du das zusammengereimt hast. [...].

[Holmes:] Nichts einfacher als das! [...] So simpel, daß sich jede Erklärung erübrigt! Und doch können wir daran die Grenzen zwischen Beobachtung und Deduktion ermessen. Ich beobachte, daß etwas rote Erde am Rist deiner Schuhsohle klebt. Gerade vor dem Postamt in der Wigmore Street hat man das Pflaster aufgerissen und Erde aufgeworfen, und zwar so viel, daß man kaum ins Postamt gelangt, ohne hineinzutreten. Die Erde zeigt diesen rötlichen Ton, den du meines Wissens nirgendwo sonst in der Nachbarschaft antriffst. Soweit die Beobachtung. Der Rest ist Deduktion.

[Watson:] Schön, und wie schließt du auf das Telegramm?

[Holmes:] Ich wußte natürlich, daß du heute morgen keinen Brief geschrieben hast, denn ich saß ja die ganze Zeit gegenüber. Außerdem sehe ich in deiner offenen Schreibtischschublade, daß du reich mit Postkarten, Formularen, Briefmarken und so weiter versorgt bist. Zu welchem Zweck solltest du dann in ein Postamt gehen, wenn nicht, um ein Telegramm aufzugeben? Man braucht nur alle anderen Faktoren auszuschalten, dann muß der, der übrigbleibt, stimmen.

Watson konfrontiert Holmes im Anschluß daran mit einer noch schwierigeren Aufgabe, und nachdem sich der Detektiv erneut ausgezeichnet hat, fordert er ihn auf, ihm den Prozeß seiner Schlußfindung zu erklären. Holmes erwidert: »Ach, da habe ich etwas Glück gehabt. Ich konnte nur die beiden Schalen auf der Waage der Wahrscheinlichkeit in Einklang bringen. Daß ich es genau treffen würde, nahm ich nicht an.« Als Watson ihn daraufhin fragt, ob das nicht alles Raterei gewesen sei, antwortet er: »Nein, nein, aufs Raten lasse ich mich nie ein. Das ist eine empörende Angewohnheit – verderblich für das logische Denken«, und er führt die Überraschung seines Partners auf die Tatsache zurück, daß das, »was dir seltsam vorkommt, nur deshalb seltsam ist, weil du meinem Gedankengang nicht folgst oder die kleinen Dinge nicht beachtest, von denen weitreichende Schlüsse zuweilen abhängen«.

Trotz solcher Dementis basieren Holmes' Beobachtungs- und Deduktionsfähigkeiten, sein »außerordentliches Talent zu genauester Beobachtung«, wie Watson es ausdrückt, zu weiten Teilen auf einer komplizierten Reihe von etwas, das Peirce als Annahmen bezeichnet hätte. So kann Holmes beispielsweise in dem zuvor angeführten Beispiel nur vermuten, daß Watson tatsächlich die Post betrat und nicht nur daran vorbeiging. Weiterhin hätte Watson in die Post gehen können, um einen Freund zu treffen, und nicht, um irgendeine Besorgung zu erledigen, usw.

Daß Holmes von der Wichtigkeit einer Untersuchung von Details überzeugt war, um eine Ermittlung erfolgreich abzuschließen, kommt in der folgenden Passage aus der Erzählung *Der verschwundene Bräutigam* zum Ausdruck:

»Du scheinst eine ganze Menge aus ihr herauszulesen«, bemerkte ich.

»Und du wußtest nicht, wo du hinschauen mußtest und hast all das übersehen, was wichtig ist. Ich kann dich offenbar nicht dahin bringen, dir die Bedeutung von Ärmeln klarzumachen, den Aussagereichtum von Daumennägeln oder die wichtigen Hinweise, die von einem Schnürsenkel ausgehen. Was hast du der Erscheinung der Frau entnommen? Beschreibe sie.«

»Nun ja – sie trug einen schieferfarbenen, breitkrempigen Strohhut mit einer etwa ziegelroten Feder. Ihr Jackett war schwarz, mit aufgenähten schwarzen Perlen und einem Saum von kleinen schwarzen Jett-Ornamenten. Ihr Kleid: braun, etwas dunkler als kaffeefarben, mit ein wenig Purpur-Samt an Hals und Ärmeln. Graue Handschuhe, am rechten Zeigefinger durchgestoßen. Ihre Stiefel habe ich nicht in Erinnerung. Sie hatte kleine, runde, baumelnde goldene Ohrringe und machte den Eindruck, daß sie im allgemeinen ganz ordentlich zurechtkommt – auf eine gewöhnliche, bequeme, lässige Art.«

Holmes schlug die Hände zusammen und kicherte.

»Mein Wort, Watson, du machst dich großartig! Du hast dich wirklich ausgezeichnet gehalten. Alles von Bedeutung hast du zwar übersehen, aber du bist hinter die Methode gekommen, und dein Blick für Farben trifft pfeilschnell. Vertraue nie dem allgemeinen Eindruck, mein Guter, sondern konzentriere dich auf die Details. Mein erster Blick gilt stets den Ärmeln einer Frau. Bei einem Mann sieht man sich vielleicht am besten zuerst die Hosenbeine an. Wie du gemerkt hast, hatte die Dame Samt am Ärmel, das brauchbarste Material, um Spuren aufzunehmen. Die Doppellinie kurz über dem Handgelenk, wo die Maschinenschreiberin an die Tischkante kommt, war wunderbar deutlich. Die Nähmaschine des Handtyps hinterläßt ein ähnliches Mal, doch nur am linken Arm und auf der dem Daumen abgewandten Seite, statt längs des breitesten Teils wie hier. Dann habe ich einen Blick auf ihr Gesicht geworfen, und als ich zu beiden Seiten der Nase den Abdruck eines Pincenez sah, riskierte ich eine Bemerkung über Kurzsichtigkeit und Maschinenschreiben, was sie zu überraschen schien.«

»Kein Wunder.«

»Es war aber doch ganz eindeutig. Dann schaute ich nach unten. Ihre Stiefel ähnelten sich zwar, gehörten aber nicht zusammen, denn der eine hatte eine leicht ornamentierte Kappe, der andere nicht. Einer war nur an den beiden unteren Knöpfen geschlossen, der andere am ersten, dritten und fünften. Nun, und wenn du siehst, daß eine junge Dame, die sonst adrett gekleidet ist, mit verschiedenen und halbgeschlossenen Stiefeln von zu Hause fortgeht, gehört kein großer Scharfsinn zu der Schlußfolgerung, daß sie es eilig hatte.«

»Und was noch?« fragte ich.

»Ich bemerkte im Vorübergehen, daß sie etwas mit der Hand geschrieben hatte, ehe sie das Haus verließ – nachdem sie bereits angezogen war. Du hast beobachtet, daß ihr rechter Handschuh am Zeigefinger durchgestoßen war, aber der Fleck violetter Tinte auf Handschuh und Finger ist dir offenbar nicht aufgefallen. Sie hat in Eile geschrieben und dabei die Feder zu tief eingetaucht. Es muß heute früh gewesen sein, sonst wäre der Fleck am Finger nicht noch so deutlich. Alles ganz amüsant, nicht? Aber das sind Anfangsgründe [...].«

Der Grund, weshalb Sherlock Holmes bei seinen Ermittlungen so erfolgreich ist, ist nicht darin zu suchen, daß er niemals Mutmaßungen anstellt, sondern daß er so zutreffende Mutmaßungen macht. Man könnte sogar sagen, daß er unwissentlich dem Peirceschen Ratschlag folgt, die beste Hypothese auszusondern.[45] »Wenn man alles ausgeschaltet hat, was unmöglich ist, bleibt am Ende etwas übrig, das die Wahrheit enthalten muß

[...].« (*Das Diadem;* vgl. *Im Zeichen der Vier, Der bleiche Soldat, London im Nebel.*) Die von Peirce selbst vertretene Maxime lautete: »Fakten lassen sich nicht durch eine Hypothese erklären, die außergewöhnlicher ist als die Fakten selbst; daraus ergibt sich, daß man unter verschiedenen Hypothesen diejenige vertreten muß, die am wenigsten außergewöhnlich ist.«[46] Fassen wir die Peircesche Erörterung zusammen, so könnten wir sagen, daß die beste Hypothese diejenige ist, die den höchsten Grad an Einfachheit und Natürlichkeit aufweist, die die einfachste ist und sich mit dem geringsten Aufwand überprüfen läßt, und die dennoch unserem Verständnis den größtmöglichen Bereich von Fakten eröffnet. In der Episode mit der Post waren Holmes' Annahmen über Watsons Handlungen die unter den gegebenen Umständen vernünftigsten.

Weiterhin versetzten sie ihn mit dem kleinstmöglichen logischen Ballast in die Lage, an einen Punkt zu gelangen, von dem aus er mittels weiterer Beobachtungen einige seiner Voraussagen überprüfen konnte, die er aus seiner Hypothese abgeleitet hatte, wodurch er die Anzahl möglicher Schlußfolgerungen erheblich reduzieren konnte. Holmes wählte mit anderen Worten nicht nur die einfachste und natürlichste Hypothese aus, sondern »zerlegte auch eine Hypothese in die kleinsten logischen Bestandteile, und befaßte sich jeweils nur mit einem von ihnen«, wobei es sich bei dem letztgenannten Verfahren um dasjenige handelt, was Peirce als das Geheimnis des Spiels mit den zwanzig Fragen beschreibt.[47] Stellen wir die Hypothese auf, daß Watson zur Post ging, um dort irgendeine postalische Erledigung zu machen, so deduziert Holmes (im Peirceschen Sinne), daß diese Erledigung entweder darin bestünde, einen Brief abzuschicken oder Briefmarken und/oder Postkarten zu kaufen oder ein Telegramm aufzugeben. Daraufhin überprüft er systematisch jede dieser Möglichkeiten und gelangt schnell zu derjenigen, die sich als die zutreffende herausstellt. Wenn verschiedene Erklärungen möglich sind, »muß man jede von ihnen solange testen, bis eine von ihnen genug Beweiskraft erlangt«. *(Der bleiche Soldat.)*

Einer von uns[48] hat die Peirceschen Überlegungen über Annahmen einerseits im Kontext gewisser Kinderspiele und andererseits im Kontext gewisser Theaterillusionen untersucht. Das Spiel mit den zwanzig Fragen ist die völlige sprachliche Entsprechung zu dem Spiel ›warm oder kalt‹, in dem die Rolle der Sprache minimal ist. Nichtsprachliche Hinweise, die unbewußt abgegeben werden, führen den Künstler in gewissen Arten magischer Handlungen, bei denen sprachliche Hinweise restlos ausgeschlossen sind, zu dem gesuchten Objekt. Diese nichtsprachliche Kommunikation oder Rückkopplung erklärt auch solche scheinbar »okkulten« Phänomene wie die Bewegung einer Alphabettafel, Tischerücken oder automatisches Schreiben und ist die Grundlage verschiedener mentalistischer Handlungen, die in der Zauberei als »Muskellesen« oder »Gedankenlesen« wohlbekannt sind. In Handlungen dieser Art »glaubt der Zuschauer, er würde von dem Zauberer angeleitet, während der Künstler in Wirklichkeit dem *Zuschauer* erlaubt, *ihn* durch unbewußte Muskelspannungen *zu leiten*«.[49] Die besten Mentalisten sind dazu in der Lage, auf einen Körperkontakt völlig zu verzichten, indem sie das, was sie suchen, lediglich aus der Beobachtung der Reaktionen der in dem Raum befindlichen Zuschauer ablesen.[50]

Wie wir bereits festgestellt haben, vertrat Peirce die Ansicht, daß eine Hypothese stets als eine Frage zu betrachten sei, und daß sie, obzwar alle neue Erkenntnis aus

Mutmaßungen erwächst, nutzlos bliebe, wenn sie keiner Überprüfung unterzogen würde. Auch Holmes warnt Watson in der Erzählung *Das gefleckte Band* vor der Gefahr, »aus unzulänglichen Daten zu schließen«. Der Detektiv stimmt auch darin mit Peirce überein[51], daß Vorurteile oder Hypothesen, die wir nur widerstrebend einer induktiven Prüfung unterwerfen wollen, ein wesentliches Hindernis erfolgreichen Denkens darstellen. So bemerkt Holmes etwa: »Ich möchte darauf hinweisen, daß ich niemals irgendwelche Vorurteile habe.« (*Der abgerissene Zettel;* vgl. *Der Tote von Abbey Grange, Das Geheimabkommen.*) Die Bewunderung, die Peirce für große Persönlichkeiten in der Wissenschaftsgeschichte, wie z.B. Kepler, hegte, resultierte genau aus deren außerordentlicher Fähigkeit dazu, den Annahme-Prüfung-Annahme-Prozeß in ständiger Bewegung zu halten.

Genau in einem solchen Zusammenhang gerät Holmes wegen der Verfechtung der Objektivität der Tatumstände ganz ähnlich wie Peirce in der Geschichte zu Anfang dieses Buches in einen Vorteil gegenüber den offiziellen Polizeivertretern, oder im Falle von Peirce, gegenüber den Berufsdetektiven der Pinkerton-Detektei.[52] So versucht Holmes beispielsweise in der Erzählung *Das Geheimnis von Boscombe Valley* einen Detektiv von Scotland Yard, den Inspektor Lestrade, auf einige wichtige Hinweise aufmerksam zu machen, der aber wie gewöhnlich die Beziehung zwischen den von Holmes ans Tageslicht geförderten Details und dem aufzuklärenden Verbrechen nicht erkennen kann. Auf dessen Entgegnung, »ich fürchte, ich bin immer noch nicht davon überzeugt«, erwidert Holmes ruhig: »Sie arbeiten nach Ihrer Methode und ich nach meiner.« Holmes beschreibt Watson diese Unterhaltung später folgendermaßen:

»Durch eine Untersuchung des Bodens gelangte ich zu den geringfügigen Details, die ich diesem Dummkopf von Lestrade nannte, und die sich auf die Person des Verbrechers bezogen.«

»Wie hast du das aber herausgefunden?«

»Du kennst meine Methode. Die beruht auf der Berücksichtigung von Kleinigkeiten.«

Was die Polizisten in den Holmes-Geschichten so häufig in die Irre leitet, rührt daher, daß sie während eines frühen Stadiums der Ermittlungsarbeiten dazu neigen, sich diejenige Hypothese zu eigen zu machen, die mit einer gewissen Plausibilität einige auffällige Umstände erklärt, wobei sie jedoch »Kleinigkeiten« ignorieren und sich später weigern, Daten in Betracht zu ziehen, die ihre Position nicht bestätigen. »Es gibt nichts Trügerischeres als eine offensichtliche Tatsache«, sagt Holmes in der Erzählung *Das Geheimnis von Boscombe Valley*. Die Polizei begeht weiterhin den »kapitalen Fehler«, Theorien aufzustellen, bevor sie über alle Beweise verfügt *(Studie in Scharlachrot)*. Daraus resultiert, daß sie »unmerklich« beginnen, »Tatsachen zu drehen, damit sie zu den Theorien passen, anstatt daß sie die Theorien den Tatsachen anpassen« *(Skandal in Böhmen)*. Das wechselseitige Mißtrauen, das sich aus diesem wesentlichen methodischen Unterschied ergibt, zieht sich durch alle Holmes-Geschichten. In der Erzählung *Der abgerissene Zettel* sagt Watson zu einem Landbeamten, dem Inspektor Forrester: »Im allgemeinen wurde ich immer dahingehend belehrt, daß Methode in seinem Wahnsinn war«, worauf der Inspektor erwidert: »Manch einer würde auch sagen, daß in seiner Methode Wahnsinn ist.«[53]

Wir sind nicht die ersten, die auf die Bedeutung von Annahmen in der Ermittlungsmethode von Sherlock Holmes hinweisen. So bemerkt beispielsweise Régis Messac, der darüber spricht, wie Holmes in der Erzählung *Ein unheimliches Paket* (vgl. die nahezu identische Szene in einigen Ausgaben von *Die Brook Street Affäre*) Watsons Gedanken liest, daß es Millionen von Dingen hätte geben können, an die Watson beim Betrachten des Porträts von General Gordon oder desjenigen von Henry Ward Beecher hätte denken können, und daß Holmes in Wirklichkeit geraten habe.[54] Messac hat recht, wenn er betont, daß Holmes zwar gelegentlich einräumt, daß eine Art von Rateinstinkt zu seiner Arbeit gehört (so gibt er z.B. in *Studie in Scharlachrot* zu, daß seine »bemerkenswerten Instinkt- und Beobachtungsfähigkeiten« auf eine »Art von Intuition« zurückzuführen sind – eine Ansicht, die er in *Im Zeichen der Vier* und *Das Rendezvous an der Brücke* wiederholt), er aber nichtsdestoweniger »die Realität der ›Deduktion‹ bestätigt«.[55] Messac behauptet weiterhin, daß Holmes' Deduktionen weder im eigentlichen Sinne Deduktionen seien, noch könnte man sie strenggenommen als Induktionen bezeichnen, »sondern eher handele es sich um Schlußfolgerungen, die auf der Beobachtung eines speziellen Umstandes beruhen, und die mittels mehr oder minder komplexer Listen zu einem anderen speziellen Umstand führen«.[56] Und Nordon zieht daraus den Schluß, daß »man feststellen müsse, daß er [Holmes] aufgrund der Beobachtung zu weitaus überzeugenderen Ergebnissen gelange als aufgrund logischer Prozesse«.[57]

Marcello Truzzi hat in einem gründlichen Artikel über die Holmessche Methode[58] unsere eigene Arbeit vorweggenommen, insofern er auf die Ähnlichkeiten verwies, die zwischen den sogenannten Deduktionen oder Induktionen des Detektivs und den Peirceschen Abduktionen oder Annahmen bestehen. Dem Peirceschen Logiksystem zufolge ist weiterhin festzustellen, daß die Holmesschen Beobachtungen ihrerseits eine Form der

Abduktion darstellen, und daß die Abduktion als eine Art logischen Schließens genauso legitim ist wie die Induktion oder die Deduktion.[59] Genaugenommen vertrat Peirce die folgende Ansicht:

> Es gibt nichts, was zu den gegenwärtigen chaotischen oder fehlerhaften Vorstellungen von der Wissenschaftslogik so viel beigetragen hätte wie das Versäumnis, die grundsätzlich verschiedenen Eigenschaften verschiedener Elemente des wissenschaftlichen Denkens zu unterscheiden. Eine der schlimmsten dieser Verwechslungen, und gleichzeitig eine der verbreitetsten, besteht darin, die Abduktion und die Induktion zusammen (oftmals sogar noch mit der Deduktion vermischt) für einen einfachen Schlußprozeß zu halten.[60]

Peirce gesteht ein, daß er selbst »in fast allem, was [er] vor Beginn dieses Jahrhunderts veröffentlichte [...], Hypothese und Induktion miteinander verwechselte«[61], und er führt die Verwechslung dieser beiden Schlußformen darauf zurück, daß die Logiker »eine zu enge und formalistische Auffassung von einem Schluß vertreten haben (insofern sie aus den Prämissen notwendige Schlußfolgerungen abgeleitet haben)«.[62]

Natürlich führen sowohl die Abduktion als auch die Induktion »zur Anerkennung einer Hypothese, da die beobachteten Fakten so beschaffen sind, daß sie sich notwendig oder wahrscheinlich als Konsequenzen dieser Hypothese ergeben«. Demgegenüber ist jedoch zu betonen:

> Abduktion geht von den Tatsachen aus, ohne von Anfang an eine spezielle Theorie zu verfolgen, obwohl sie durch das Gefühl motiviert wird, daß eine Theorie erforderlich ist, um die überraschenden Tatsachen zu erklären. Die Induktion geht von einer Hypothese aus, die sich selbst zu empfehlen scheint, ohne daß zu Beginn irgendwelche spezielle Fakten verfolgt werden, auch wenn ein Gefühl dafür besteht, daß Tatsachen erforderlich

sind, um die Theorie zu stützen. Die Abduktion sucht nach einer Theorie. Die Induktion sucht nach Tatsachen. In der Abduktion legt die Betrachtung der Fakten eine Hypothese nahe. In der Induktion führt die Untersuchung der Hypothese zu Experimenten, die genau die Fakten ans Tageslicht fördern, auf die die Hypothese verwiesen hatte.[63]

Anhand eines Beispiels, das aus einem der Holmesschen Fälle stammen könnte, zeigt Peirce den Unterschied zwischen diesen beiden Schlußformen auf:

Ein gewisses anonymes Schriftstück besteht aus einem abgerissenen Stück Papier. Man vermutet, daß es sich bei dem Autor um eine bestimmte Person handelt. Sein Schreibtisch, zu dem er allein Zugang hatte, wird untersucht, und man findet in diesem ein abgerissenes Stück Papier, dessen Rand genau mit allen Unregelmäßigkeiten zu jenem fraglichen Schriftstück paßt. Es ist ein rechtmäßiger hypothetischer Schluß, daß die vermutete Person tatsächlich der Autor war. Der Grund dieses Schlusses ist offensichtlich der, daß es äußerst unwahrscheinlich ist, daß zwei abgerissene Papierstücke zufällig zusammenpassen. Daher würde bei einer großen Anzahl von derartigen Schlüssen nur ein sehr kleiner Teil trügerisch sein. Die Analogie der Hypothese zu der Induktion ist so groß, daß einige Logiker beide miteinander verwechselten. Die Hypothese wurde als eine Induktion von Merkmalen bezeichnet. Eine Anzahl von Merkmalen, die zu einer gewissen Klasse gehören, werden an einem bestimmten Objekt gefunden, woraus man schließt, daß alle Merkmale jener Klasse zu dem fraglichen Objekt gehören. Dieses Verfahren schließt sicherlich dasselbe Prinzip wie die Induktion ein, doch in modifizierter Form. Erstens lassen sich Merkmale nicht einfach aufzählen wie Objekte, zweitens zerfallen Merkmale in Kategorien. Wenn wir eine Hypothese wie jene über das Schriftstück aufstellen, prüfen wir nur eine einzige Reihe von Merkmalen oder vielleicht zwei oder drei, und wir nehmen aus anderen Reihen überhaupt keine Probebeispiele. Wäre die Hypothese nichts als eine Induktion, so wären wir im Falle des obigen Beispiels zu nicht mehr berechtigt, als zu schließen, daß die beiden Schriftstücke, die in solchen Unregelmäßigkeiten, wie wir sie geprüft haben, zusammenpassen, in anderen, sagen wir, geringeren Unregelmäßigkeiten, auch passend gefunden würden. Der Schluß von der Form der Schriftstücke auf ihren Besitzer ist genau das, was die Hypothese von der Induktion unterscheidet und sie zu einem kühneren und gefährlicheren Schritt macht.[64]

Holmes gesteht indirekt die gefährlichere Natur der Hypothese ein, wenn er den Gebrauch der »Phantasie« *(Der Farbenhändler im Ruhestand, Das verschwundene Rennpferd)*, der »Intuition« *(Im Zeichen der Vier)* und der »Spekulation« *(Der Hund von Baskerville)* verteidigt. Man muß dazu bereit sein, sich vorzustellen, was geschehen ist, und man muß sich nach diesen Vermutungen richten, und das führt einen »in den Bereich, in dem wir Wahrscheinlichkeiten gegeneinander abwägen und uns für die annehmbarste entscheiden« *(Der Hund von Baskerville)*.

Holmes war dafür bekannt, daß er zwischen einer nahezu rasenden Zielstrebigkeit wie ein Fuchshund auf der Fährte seiner Beute und einer Art lethargischer Träumerei hin und her schwankte; John G. Cawelti bezeichnete diese Mischung als »stereotype Aktivierung«[65], eine erfindungsreiche Synthese von Persönlichkeitstypen, die I. I. Revzin auch im speziellen Hinblick auf Detektivromane mit dem Ausdruck »Fusion« belegte.[66] Die Vorlage geht in diesem Zusammenhang natürlich auf Poes nicht eindeutig bestimmbaren Dupin zurück. Watson weist in der folgenden Passage aus der Erzählung *Der Klub der Rothaarigen* darauf hin, daß auch die letztere Verhaltensweise für Holmes Ermittlungen von Bedeutung war:

Mein Freund war begeisterter Musiker: nicht nur ein sehr befähigter Interpret, sondern auch ein Komponist überdurchschnittlichsten Formats. Den ganzen Nachmittag saß er im

Parkett, eingehüllt in die größte Glückseligkeit, bewegte seine langen schmalen Finger sanft im Takt der Musik, und sein leicht lächelndes Gesicht mit den milden, verträumten Augen war dem des Spürhundes Holmes, des scharfsinnigen, unbarmherzig zupackenden Verbrecherjägers Holmes so unähnlich wie nur möglich. Die poetische und gelassene Stimmung war ein erholsames Gegengewicht zu seiner Genauigkeit und seinem ungewöhnlichen Scharfsinn. Zwischen äußerster Schlaffheit und alles verzehrender Energie pendelte seine Natur hin und her, und seine Kräfte zeigten sich am deutlichsten, wenn er tagelang zwischen seinen Folianten gehockt und auf der Geige improvisiert hatte. Dann überkam ihn plötzlich das Jagdfieber, und sein brillantes Denkvermögen stieg in die Höhen der Intuition, bis alle, die mit seinen Methoden nicht vertraut waren, ihn offenen Mundes anstarrten wie ein überirdisches Wesen. Als ich ihn an diesem Nachmittag in der St. James Hall so in Musik versunken sah, spürte ich, daß denen nichts Gutes bevorstand, die zur Strecke zu bringen er sich in den Kopf gesetzt hatte.

Peirce hatte sich auch zu der Beziehung zwischen solchen geistigen Tätigkeiten und weltlicheren Praktiken geäußert. »Es gibt«, so schreibt er, »eine gewisse angenehme Beschäftigung des Geistes, die [...] keinen Zweck verfolgt, sieht man einmal davon ab, daß sie alle ernsthaften Zwecke zur Seite schiebt«, und die »ich gelegentlich halbherzig geneigt war, [...] als Träumerei mit gewissen zusätzlichen Bestimmungen zu bezeichnen; aber für eine Geistesverfassung, die dem Leerlauf und der Verträumtheit so völlig entgegengesetzt ist, wäre eine solche Bezeichnung auch ein schauderhafter Fehlgriff. In Wirklichkeit handelt es sich um reines Spiel.«[67] Eine Art des reinen Spiels, »bei dem es sich um eine lebhafte Übung der eigenen Kräfte handelt«, und das »keine Regeln außer dem ihm eigenen Gesetz der Freiheit kennt«, nennt er Versenkung, und definiert es als einen Prozeß, in dem der Geist nach »gewissen Beziehungen« zwischen zwei der drei Erfahrungsuniversa (d.h. den Ideen, der Wirklichkeit und den Zeichen)[68] sucht, »indem er über seine Ursache spekuliert«.[69] Versenkung

beginnt reichlich passiv damit, daß man den Eindruck irgendeines Winkels einer der drei Universen in sich aufnimmt. Der Eindruck geht jedoch bald in aufmerksame Beobachtung über, die Beobachtung geht über in Versenkung, und die Versenkung geht über in einen lebhaften kommunikativen Austausch zwischen Ich und Ich. Erlaubt man den eigenen Beobachtungen und Reflexionen, sich zu sehr auf ein bestimmtes Gebiet zu konzentrieren, so verwandelt sich das Spiel in eine wissenschaftliche Untersuchung [...].[70]

Peirce weist darauf hin, daß das Verbrechen besonders für die Anwendung der Versenkung geeignet ist. Unter Verweis auf Dupins Bemerkungen in Poes *Der Doppelmord in der Rue Morgue* (nämlich: »Mir scheint, man hält das Rätsel aus einem Grunde für unerklärbar, der gerade am ersten zu einer Lösung führen könnte – ich meine damit das Unfaßbare, das Unerhörte des Falles«) merkt Peirce an, daß »diejenigen Probleme, die auf den ersten Blick unlösbar erscheinen, gerade unter diesen Umständen [...] ihre genau passenden Lösungen erhalten. Von daher eignen sie sich in besonderem Maße für das Versenkungsspiel«.[71] Vergleichen wir damit Holmes Bemerkungen: »Schon einmal erklärte ich Ihnen, daß das Ausgefallene meist eher eine Hilfe als ein Hindernis darstellt« *(Studie in Scharlachrot)*; »Ein außergewöhnliches Verbrechen ist fast unweigerlich an sich schon eine Spur« *(Das Geheimnis von Boscombe Valley)*; »Je absurder und grotesker ein Vorfall ist, um so sorgfältiger muß er untersucht werden, und gerade die Tatsache, die den Fall zu komplizieren scheint, erweist sich bei sorgfältiger Behandlung und genauer Analyse als diejenige, die ihn am meisten erhellt« *(Der Hund von Baskerville)*; »Einzig

Sherlock Holmes gibt sich träumerisch dem hin, was Peirce als Versenkung bezeichnet. »Als ich ihn an diesem Nachmittag in der St. James Hall so in Musik versunken sah, spürte ich, daß denen nichts Gutes bevorstand, die zur Strecke zu bringen er sich in den Kopf gesetzt hatte.«

(Illustration von Sidney Paget für die Erzählung *Der Klub der Rothaarigen*, in: *The Strand Magazine*, August 1891.)

der ganz farblose, ereignislose Fall ist hoffnungslos« *(Shoscombe Old Place).*

Von daher stimmen wir mit Nordons Meinung überein, auch wenn wir andere Gründe dafür haben: »Als Schöpfung eines Mediziners, der von den rationalistischen Gedanken seiner Zeit durchdrungen ist, bietet uns die Holmessche Vorgehensweise zum ersten Mal das Schauspiel eines Helden, der immer wieder mit Hilfe der Logik und der wissenschaftlichen Methode triumphiert. Und die Meisterschaft des Helden ist genauso überragend wie die Macht der Wissenschaft, von der viele Menschen hofften, daß sie zu einer materiellen und geistigen Verbesserung der menschlichen Bedingungen führen würde, und Conan Doyle war der erste, der diese Hoffnung nährte.«[72]

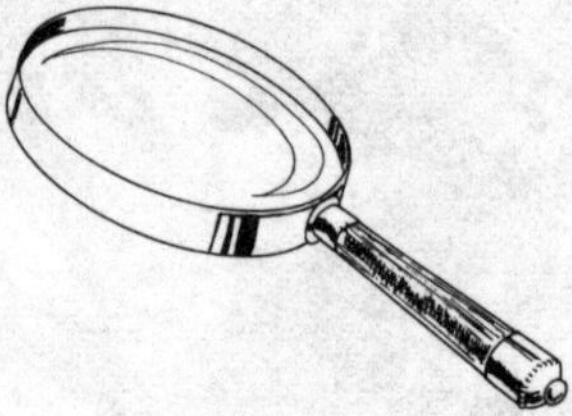

Dr. Joseph Bell aus Edinburgh, nach dem Conan Doyle
seine Figur entwarf. Man beachte die typischen Holmesschen Züge.

III
Krankheit, Verbrechen und Semiotik

Die Wurzeln der Semiotik gehen auf antike medizinische Abhandlungen zurück[73] und illustrieren Peirces Behauptung: »Im großen und ganzen kann man sagen, daß sich die Wissenschaften aus den nützlichen Künsten entwickelt haben bzw. aus den Künsten, die man für nützlich hält.« So wie sich die Astronomie aus der Astrologie entwickelte und die Chemie aus der Alchimie, so hat sich »die Physiologie entwickelt, die zur Hälfte aus der Medizin und zur Hälfte aus der Zauberei entstand«.[74] Es scheint so, daß Peirce in Geschichte und Theorie der Medizin versiert war. Seine Familie hielt ihn für fähig, die Karriere eines Chemikers einzuschlagen, und stellte ihm die medizinische Bibliothek seines verstorbenen Onkels Charles zur Verfügung, der Arzt gewesen war.[75] An mindestens einer Stelle[76] führt Peirce einige der Bücher über die Geschichte der Medizin auf, die er zu Rate gezogen hatte. 1933 erklärte G. Alto Pobe, der letzte Peircesche Hausarzt, in einem Interview mit Henry S. Leonard (ein Student, der an der Harvard Universität in Philosophie ausgebildet worden war und den man nach dem Tod der Witwe Juliette Peirce zu dem Peirceschen Haus in Milford, Pennsylvania, geschickt hatte, um dort alle erhaltenen Manuskripte einzusammeln), daß

Peirce über Medizin mehr wußte als ich selbst. Wenn ich zu ihm auf Visite ging, so blieb ich jeweils eine halbe bis eine ganze Stunde bei ihm. Es tat einem gut, mit ihm zu sprechen. Wenn ich bei ihm eintraf, nannte er mir häufig all seine Symptome und auch die Diagnose seiner Krankheit. Daraufhin erzählte er mir die ganze Geschichte der medizinischen Behandlung dieser Krankheit. Dann sagte er mir, was ich ihm verschreiben sollte. Er hat sich niemals geirrt. Er sagte mir, daß er mich bitten müsse, die Rezepte auszuschreiben, da er selbst kein medizinisches Examen abgelegt hätte.[77]

Peirce weist darauf hin, daß »die Mediziner« im Hinblick auf statistische Probleme im Zusammenhang von Erhebungsauswahlen und Fragen der Induktion »deshalb ganz besonders erwähnt werden müssen, weil sie seit Galen eine eigene logische Tradition besitzen« und weil sie »in ihrer Arbeit gegen eine Denkweise ›*post hoc, ergo propter hoc*‹«, »wenn auch nur in Ansätzen«, das Induktionsgesetz beachten, das besagt, daß »wir zuerst entscheiden müssen, für welches Kennzeichen wir eine Auswahl untersuchen wollen, um erst nach dieser Entscheidung die Auswahl zu untersuchen«.[78] Peirce erkennt jedoch andererseits auch, daß die Medizin, dieses »materialistische Gewerbe«[79], Schwierigkeiten hat, einer anderen Maxime der Induktion Folge zu leisten, die verlangt, daß die Erhebungsauswahlen nicht zu klein sein dürfen:

Aufgrund der Verletzung dieser Maximen werden die Zahlen manipuliert. Speziell medizinische Statistiken sind gewöhnlich verachtenswert klein, wie sie sich auch dem Verdacht aussetzen, daß sie gesucht sind. Ich spreche hier von den Statistiken angesehener Ärzte. Es ist außerordentlich schwer, zahlreiche Fakten zu finden, die sich auf irgendeinen undeutlichen Punkt in der Medizin beziehen, und es ist noch schwieriger, offenkundig zu machen, daß die Fakten eine angemessene Repräsentation des allgemeinen Verlaufs der Ereignisse darstellen. Das erklärt die langsame Entwicklung der medizinischen Wissenschaft trotz der enormen Anstrengungen, die man ihr gewidmet hat, und es läßt auch die schwerwiegenden Irrtümer verständlich werden, die von Ärzten oft jahrhundertelang vertreten wurden. Es gibt vielleicht keinen Bereich der Wissenschaft, der in jeder Hinsicht so schwierig wäre. Es erfordert einen wirklichen Weitblick, um eine medizinische Induktion aufzubauen. Das ist zu offensichtlich, als daß dafür noch Beweise erforderlich wären. Es gibt so zahlreiche störende Einflüsse – persönliche Idiosynkrasien, verschiedenartige Behandlungsweisen, zufällige und unbekannte Einflüsse, klimatische, rassische und saisonale Besonderheiten –, daß es besonders wichtig ist, daß die Fakten zahlreich sein sollten und mit Luchsaugen durchgemustert werden, um Täuschungen aufzudecken. Aber trotzdem ist es in der Medizin besonders schwierig, Fakten zusammenzutragen. Die Erfahrung eines einzelnen Menschen besitzt selten ausschlaggebendes Gewicht, und niemand kann über etwas urteilen, was seine persönlichen Kenntnisse in der Medizin übersteigt, so daß er sich notgedrungen auf das Urteil anderer verlassen muß. Von daher erklärt es sich, daß eine Erhebungsauswahl in dieser Wissenschaft umfangreicher und sorgfältiger erhoben werden muß als in anderen Wissenschaften, diese Vorbedingungen jedoch in der Medizin schwerer zu erfüllen sind als in allen anderen Wissenschaften.

Es gibt daher nichts, das die Ungenauigkeit, mit der die Menschen im allgemeinen urteilen, jämmerlicher belegte als die Bereitschaft von neun von zehn Menschen, die Verdienste eines Mediziners als die eingeschränkteste, ungenaueste und vorurteilbehaftetste Erfahrung zu bezeichnen, die man überhaupt noch Erfahrung nennen kann. Jede alte Frau, die nach der Verabreichung einer Arznei eine Besserung der Symptome in einem Dutzend Fälle, die sich in etwa gleichen, beobachtet hat, wird nicht zögern, diese Arznei für ein unfehlbares Heilmittel für jeden Fall zu erklären, der einem aus dem Dutzend in etwa gleicht. Das ist schockierend. Es ist aber noch schlimmer, daß man eine Behandlung auch dann empfehlen wird, wenn nur eine auf Hörensagen beruhende Verwandtschaft mit einem oder zwei Fällen konstatiert werden kann.

Ich möchte darum bitten, daß man die Kombination von Irrtümern beachtet, die in einer solchen Vorgehensweise enthalten sind. Erstens kann keine Induktion regelrecht aufgebaut werden, wenn nicht eine Erhebungsauswahl irgendeiner bestimmten Klasse zusammengestellt worden ist. Diese dummen Kreaturen – die der Meinung sind, sie brauchen sich nur hinreichend lange im Krankenzimmer aufzuhalten, um alle zu Galen zu werden – sind völlig außer Stande, die in Frage stehende Krankheit zu bestimmen. Nehmen wir an, es handelte sich beispielsweise um *Diphtherie*. Wie können sie Diphtherie an einem entzündeten Rachen erkennen? Ihre Erhebungsauswahlen sind in Wirklichkeit Auswahlen einer nicht bestimmten Klasse. In zweiter Linie ist die Anzahl ihrer Beispielfälle kaum auch nur für die einfachste Induktion hinreichend. Drittens sind die Beispielfälle sehr häufig nach dem Hörensagen zusammengestellt. Über die Ungenauigkeit hinaus, die dieser Art von Beweisen anhaftet, hören wir nun – gemessen an ihrer relativen Auftretenshäufigkeit – häufiger von außergewöhnlichen Umständen als von gewöhnlichen Fällen. Zieht man aber solche Fälle in Betracht, so arbeitet man mit einer manipulierten Auswahl. Viertens wäre zu erwähnen, daß das Prädikat, das all diesen Fällen gemeinsam zukommt, gewöhnlich völlig vage ist. Fünftens wird eine Deduktion gewöhnlich im Hinblick auf einen vorliegenden Fall durchgeführt, ohne daß man dabei sorgfältig überprüft, ob er wirklich zu der Klasse gehört, aus der man die Auswahl bezogen hat. Sechstens kann man anhand des vorliegenden Falles zutreffendere Aussagen machen als aufgrund von Ergebnissen aus früheren Fällen. All diese Irrtümer verbinden sich zu einer Art von Beweis, und es vergeht kaum eine Woche, in der man nicht etwas Ähnliches hörte.[80]

Nach einer Überprüfung der großen Anzahl von Beispielen medizinischer Diagnosen in den Holmes-Geschichten (wobei es sich vornehmlich um Herzkrankheiten und Tropenkrankheiten handelt) stellt Maurice Campbell, der selbst Herzspezialist ist, fest, daß Watson, medizinisch gesprochen, »ausgezeichnet informiert gewesen zu sein scheint«.[81] Es ist interessant festzustellen, daß Watson die logische Diagnosemethode zwar im Hinblick auf die Pathologie des Körpers erfolgreich einsetzt, jedoch ungewöhnlich ungeschickt dabei ist, diese Methode auf die Aufklärung von Verbrechen zu übertragen; von daher gibt er ein Beispiel für jemanden ab, der nur unvollständig mit dem vertraut ist, was Peirce als *logica docens* (siehe unten S. 81) bezeichnete.

In dem Maße, wie Sherlock Holmes selbst die Methoden der Medizin anwendet, gelangt ein Element von Künstlichkeit und Zauberei in die von ihm verfolgte Logik der wissenschaftlichen Forschung. Unserer Meinung nach wird Holmes als Persönlichkeit gerade durch diesen Umstand von den im strengeren Sinne logischen Methoden des Detektivs Dupin von Edgar Allan Poe unterschieden.[82]

Es ist mittlerweile hinreichend bekannt, daß Conan Doyle, der selbst praktizierender Arzt war, bis er durch die Holmes-Geschichten wohlhabend genug geworden war, um seine Praxis aufzugeben, die Figur des Sherlock Holmes nach seinem Professor, Dr. Joseph Bell, vom Königlichen Krankenhaus in Edinburgh modellierte. Daß Conan Doyle teilweise einen Mediziner zum Vorbild wählte, stellte allerdings einen bewußten Versuch dar, eine strengere wissenschaftliche Methode in die Verbrechensaufklärung einzuführen, als es bis zu diesem Zeitpunkt üblich war. Messac stellt zutreffend fest, daß Doyle sich Bell hinsichtlich einer Diagnose anschließt, die die gesamte Persönlichkeit und das gesamte Leben des Patienten einbegreift, und daß eine Diagnose »niemals völlig exakt ist, sondern stets Unschlüssigkeiten und Irrtümer enthält«. Die Verbrechensaufklärung ist wie die Medizin eine Art von »Pseudo-Wissenschaft«.[83] Doyle schreibt in einem Artikel über die Entstehung der *Studie in Scharlachrot:*

Gaboriau hatte mich mit dem sorgfältigen Aufbau seiner Erzählung ziemlich begeistert und Poes Meisterdetektiv Chevalier Dupin war seit meiner Kindheit einer meiner Heroen gewesen. Konnte ich meinerseits aber darüber hinausgelangen? Ich erinnerte mich an meinen alten Lehrer Joe Bell mit seinem Adlergesicht, seinen eigenartigen Methoden und seinem unheimlichen Spaß an winzigen Einzelheiten. Wäre er ein Detektiv, so würde er dieses faszinierende, aber unsystematische Geschäft sicherlich zu etwas verwandeln, das einer exakten Wissenschaft nahe käme.[84]

Doyle war von Bells außerordentlicher diagnostischer Fähigkeit beeindruckt, »die nicht nur auf Krankheiten beschränkt war, sondern auch den Beruf und den Charakter einbezog«. Er war Bells Sekretär für ambulante Patienten, was bedeutete, daß er »seine ambulanten Patienten zu erfassen hatte, kurze Krankengeschichten anfertigen mußte und sie dann einen nach dem anderen in den großen Raum zu geleiten hatte, in dem Bell umgeben von seinen Assistenten und Studenten saß«.[85] Der junge Medizinstudent hatte dann »reichlich Gelegenheit, seine [Bells] Methoden kennenzulernen und festzustellen, daß er häufig durch eine kurze Untersuchung mehr über den Patienten in Erfahrung brachte«[86] als aus Doyles eigenen Fragen, die der Unterhaltung mit dem Doktor vorausgingen.

Gelegentlich waren die Ergebnisse höchst dramatisch, wenn es auch vorkam, daß er sich schwer irrte. In einem seiner besten Fälle sagte er zu einem Zivilisten:

»Nun, guter Mann, Sie haben also in der Armee gedient.«
»Jawohl, mein Herr.«
»Noch nicht lange entlassen?«
»Nein, mein Herr.«
»Haben Sie in einem Gebirgsregiment gedient?«
»Jawohl, mein Herr.«
»Waren Sie Unteroffizier?«

»Jawohl, mein Herr.«

»Waren Sie auf Barbados stationiert?«

»Jawohl, mein Herr.«

»Sie sehen, meine Herren«, erklärte er dann, »dieser Mann war ein ehrerbietiger Mensch, aber er zog seinen Hut nicht ab. Das ist in der Armee nicht üblich. Er hätte sich an zivile Umgangsformen gewöhnt, wenn er schon lange entlassen wäre. Er hat einen Anflug von Autorität und er ist offensichtlich ein Schotte. Was Barbados anbelangt, so litt er an Elefantiasis, was auf Westindien und nicht auf Britannien schließen läßt.«

Für seine Zuhörerschaft aus Watsons war alles ziemlich merkwürdig gewesen, bis er die Erklärung lieferte, und dann erschien alles ganz offensichtlich. Es ist nicht verwunderlich, daß ich nach dem Studium einer solchen Persönlichkeit seine Methode anwandte und erweiterte, als ich mich später darum bemühte, einen wissenschaftlichen Detektiv zu entwerfen, der Fälle nach ihrem eigentlichen Gehalt löste und sie nicht aus der törichten Perspektive des Verbrechers betrachtete.[87]

Während der Barbados-Dialog das einzige Beispiel für Bells geschickte Beobachtungen und Deduktionen war, das Doyle selbst aufzeichnete, sind verschiedene andere Darstellungen von Bells bemerkenswerten Leistungen, die von Ärzten aufgezeichnet wurden, die zusammen mit Doyle in Edinburgh Medizin studierten oder mit Dr. Bell und seiner Frau befreundet waren, von Trevor Hall herausgegeben und untersucht worden.[88] William S. Baring-Gould hat eine der unbekannteren Anekdoten (aus: *Lancet*, 1. August 1956) wiedergegeben:

Eine Frau mit einem kleinen Kind wurde hereingeführt. Joe Bell wünscht ihr einen guten Morgen und sie erwidert seinen Gruß.

»Wie war Ihre Reise von Burntisland?«

»Ich hatte eine gute Reise.«

»War Ihr Spaziergang über die Inverleith Row schön?«

»Ja.«

»Und wo haben Sie das andere Kind gelassen?«

»Ich habe es bei meiner Schwester in Leith gelassen.«

»Arbeiten Sie noch in der Linoleumfabrik?«

»Ja.«

»Nun, meine Herren, als sie meinen Gruß erwiderte, hörte ich, daß sie mit einem Fifer Akzent spricht, und wie Sie wissen, ist die nächste Fifer Stadt Burntisland. Sie sehen den roten Lehm am Rist ihrer Schuhsohlen, und die einzige Stelle im Umkreis von zwanzig Meilen, wo es solchen Lehm gibt, ist der Botanische Garten. Die Inverleith Row führt an dem Garten vorbei und ist für sie gleichzeitig der kürzeste Weg von Leith. Sie haben bemerkt, daß der Mantel, den sie auf dem Arm trug, für das Kind, das sie bei sich hatte, zu groß war, weshalb man sagen kann, daß sie mit zwei Kindern von zu Hause aufgebrochen war. Schließlich hatte sie Dermatitis an den Fingern der rechten Hand, was für die Arbeiter in der Linoleumfabrik in Burntisland typisch ist.«[89]

Oder betrachten wir den folgenden Bericht über ein Interview mit Doyle, das im Juni 1892 gemacht wurde und ursprünglich in einem Artikel von Harry How mit dem Titel *A Day with Dr. Conan Doyle* publiziert wurde, der im August desselben Jahres im *Strand Magazine* erschien:

[In Edinburgh] traf ich den Mann, der mich auf die Idee mit Sherlock Holmes brachte [...], seine intuitiven Fähigkeiten waren einfach enorm. Fall Nr. 1 kam herein. »Ich sehe«, sagte Herr Bell, »daß Sie an Trunksucht leiden. Sie haben ja sogar eine Flasche in der Brusttasche Ihres Mantels.« Ein anderer Patient kam. »Wie ich sehe, sind Sie Schuster.« Dann wandte er sich den Studenten zu und machte sie darauf aufmerksam, daß die Hose des Mannes auf der Innenseite in Kniehöhe abgeschabt war. Das war die Stelle, wo der Mann den Klopfstein festgehalten hatte – eine Besonderheit, die man nur bei Schustern antrifft.[90]

Hall weist auch darauf hin, daß sich Doyle auf der Rückseite des Titelblatts zu dem Band *Abenteuer des Sherlock Holmes* bei Bell bedankte, indem er das Buch seinem früheren Lehrer widmete.[91] Hall berichtet weiterhin darüber, daß Doyle in einem Brief vom 4. Mai 1892 an Bell erklärte:

Es steht völlig außer Zweifel, daß ich Ihnen den Sherlock Holmes verdanke, und obwohl ich in den Geschichten die Möglichkeit habe, [den Detektiv] in alle möglichen dramatischen Positionen hineinzustellen, glaube ich doch nicht, daß seine analytische Arbeit auch nur im geringsten eine Übertreibung gewisser Effekte darstellt, die Sie – wie ich mit eigenen Augen gesehen habe – in der Station für ambulante Patienten hervorgerufen haben. Um den Mittelpunkt, den Deduktion, Schlußfolgerung und Beobachtung bilden, und den Sie uns eingeprägt haben, habe ich mich bemüht, einen Menschen zu skizzieren, der die Dinge, soweit es nur möglich ist, vorantreibt – und sei es auch nur zufällig –, und ich bin froh darüber, daß Sie mit den Ergebnissen zufrieden sind, da Sie doch der Kritiker sind, der das größte Recht dazu hat, streng zu sein.[92]

Ohne jeden Zweifel spiegelt die folgende Passage aus der Erzählung *Der griechische Dolmetscher* in verblüffendem Maße einige der Anekdoten wider, an denen Joseph Bell beteiligt war. Holmes und sein Bruder Mycroft saßen zusammen in dem gerundeten Erker[93] des Diogenes Klubs, als Mycroft sagte:

»Für jeden, der die Spezies Mensch gern unter die Lupe nimmt, ist dieses Plätzchen hier besonders geeignet. [...] Schauen Sie sich nur die herrlichen Typen an! Zum Beispiel diese zwei Männer, die da gerade auf uns zukommen.«

»Ein Billardmarkeur der eine; und der andere, was für einer ist das?«

Die beiden Herren waren in der gegenüberliegenden Fensternische stehengeblieben. Einige Kreidespuren über seiner Jakkentasche bildeten die einzigen Kennzeichen für seinen Beruf, die ich [Watson] an dem »Billardmarkeur« wahrnehmen konnte. Der andere war sehr klein von Wuchs und dunkelhäutig. Den Hut hatte er weit nach hinten gesetzt und hielt unterm Arm etliche Päckchen.

»Ein alter Soldat, wie man sieht«, begann Sherlock Holmes.

»Und erst ganz kurze Zeit außer Dienst«, sekundierte der Bruder.

»Hat anscheinend in Indien gedient. Und war Unteroffizier bei der königlichen Artillerie, würde ich denken«, sagte Sherlock.

»Und ist Witwer«, bemerkte Mycroft.

»Mit Kind.«

»Kindern, mein Junge, mit Kindern!«

»Nun hört aber auf!« unterbrach ich lachend. »Man soll's ja auch nicht übertreiben.«

»Wieso denn?« ereiferte sich mein Freund. »Es ist durchaus kein Kunststück, diesen Menschen näher zu bestimmen. Seine Haltung, sein ganzes Benehmen zeugt von Autorität und dem höheren Rang. Schon der dunkle Teint verrät, daß er als Soldat gedient haben muß und erst kürzlich aus Indien zurückgekommen ist.«

»Daß er seinen Dienst vor kurzem erst quittierte, verraten auch seine Kommißstiefel, die er noch immer trägt«, pflichtete Mycroft bei.

»Er hat nicht den für Reiter charakteristischen Gang, auch wenn er seinen Hut auf der einen Seite trug, wie man an der helleren Haut auf dieser Seite seiner Stirn erkennen kann. Sein Gewicht spricht dagegen, daß er ein Pionier ist. Ich würde ihn daher für einen Artilleristen halten.«

»Seiner traurigen, niedergeschlagenen Miene und düsteren Kleidung nach zu schließen, hat er einen Menschen verloren, der ihm sehr teuer war. Da er selbst Einkäufe macht, vermute ich, daß es seine Frau war. Er hat Kindersachen gekauft, wie man sieht. Die Kinderrassel da deutet darauf hin, daß eines der Kinder noch sehr klein ist. Vermutlich ist die Frau im Wochenbett gestorben. Die Tatsache, daß er ein Bilderbuch unter dem

Porträt von Mycroft Holmes.

(Illustration von Sidney Paget für die Erzählung *Der griechische Dolmetscher*, in: *The Strand Magazine*, September 1893.)

Arm trägt, läßt darauf schließen, daß es noch ein anderes Kind gibt, das versorgt werden muß.«

Bell selbst enthüllt in der folgenden Passage, die 1892 geschrieben wurde und von Vincent Starrett zitiert wird, die Ähnlichkeit zwischen Verbrechen und Krankheit:

Meine Herren, bemühen Sie sich darum, die besonderen Kennzeichen einer Krankheit oder einer Verletzung so genau kennenzulernen, wie Sie die Charakterzüge, die Haltung und die besonderen Verhaltensweisen Ihres besten Freundes kennen. Ihn würden Sie selbst in einer größeren Menschenmenge sofort erkennen. Es könnte sich dabei ruhig um eine Ansammlung von Männern handeln, die gleich gekleidet sind und die alle die gleichartigen Augen, Nasen, Haare und Glieder haben. Nehmen wir an, sie ähnelten sich in allen wesentlichen Punkten und unterschieden sich nur in Kleinigkeiten. Trotzdem werden Sie deshalb, weil Sie diese Kleinigkeiten sehr gut kennen, keine Schwierigkeiten mit der Wiedererkennung oder ihrer Diagnose haben. *Dasselbe trifft für Erkrankungen des Geistes, des Körpers oder der Sitten zu.* Rassische Besonderheiten, ererbte Verhaltensgewohnheiten, der Akzent, der Beruf oder der Mangel daran, die Erziehung, jegliche Art von Umwelt wirken sich mit ihren kleinen und trivialen Eindrücken formend oder graduell beeinflussend auf das Individuum aus und hinterlassen Fingerabdrücke oder Meißelspuren, die der Fachmann feststellen kann. Die großen und unübersehbaren Charakteristika, die auf den ersten Blick als Hinweise auf eine Herzkrankheit oder auf Schwindsucht, auf chronische Trunksucht oder langanhaltenden Blutverlust erkennbar sind, werden auch von dem blutigsten Anfänger in der Medizin beherrscht, während es für die Meister ihres Faches Myriaden beredter und lehrreicher Zeichen gibt, für deren Entdeckung es jedoch des erfahrenen Auges bedarf. [. . .] *Die Bedeutung des unendlich Kleinen ist nicht abzuschätzen.* Verseucht man in Mekka einen Brunnen mit dem Cholerabazillus, so wird das heilige Wasser, das die Pilger in Flaschen mitnehmen, einen ganzen Kontinent infizieren. Die Lumpen eines Seuchenopfers werden jeden Seehafen der

Christenheit in Angst und Schrecken versetzen.[94] [Hervorhebung von uns.]

Diese Betrachtungsweise von Symptomen als den kennzeichnenden Merkmalen der Identität einer Krankheit, die von daher als eine konkrete Entität zu betrachten ist, erinnert an eine Passage in einem der unpublizierten Manuskripte von Peirce[95], in dem er – im Zusammenhang der Erklärung, daß »unsere Kenntnis der meisten Allgemeinbegriffe in einer Weise zustande kommt, die unserer Kenntnis einer individuellen Persönlichkeit völlig analog ist« – das Diktum des französischen Physiologen Claude Bernard (1813–1878) kritisiert, daß »Krankheit keine Entität ist; sie ist nichts anderes als eine Ansammlung von Symptomen«. Peirce war der Ansicht, daß dieser Satz weniger eine physiologische Doktrin sei, sondern sich eher einer fehlerhaften Logik verdanke. »Betrachten wir die positiven Entdeckungen Pasteurs und Kochs im Zusammenhang mit den Theorien Weissmanns, so sehen wir, soweit zymotische (d.h. anstekkende) Krankheiten betroffen sind, daß sie genauso dinglich sind wie der Ozean ein Ding ist [...]. [Eine] Ansammlung von Symptomen [ist] nicht nur eine Entität, sondern mit Notwendigkeit auch ein konkretes Ding [...].« Hätte Bernard das verstanden, so fährt Peirce fort, »hätte er sich sehr nützlich betätigen können, um das Ding besser kennenzulernen«.

Von Sherlock Holmes kann man wirklich sagen, daß er das praktiziert, was Bell lehrt. Er arbeitet sich an eine »Diagnose«, d.h. eine Identifikation einer kriminellen Pathologie auf dem Wege einer Reihe winziger Beobachtungen heran, die durch eine Hypothese miteinander verbunden werden, und weiterhin schließt er seine Untersuchungen gewöhnlich damit ab, daß er einen früheren Fall wie einen alten Freund behandelt. Betrachten wir beispielsweise die folgende oft zitierte Darstellung, wie Holmes in der Erzählung *Ein unheimliches Paket* Watsons Gedanken liest:

Da Holmes anscheinend doch zu keiner Unterhaltung bereit war, stieß ich den Haufen Zeitungspapier beiseite, lehnte mich in meinem Sessel zurück und versank in Gedanken. Plötzlich unterbrach die Stimme meines Freundes meine Überlegungen.

»Du hast recht, Watson«, sagte er, »das ist allerdings eine höchst unsinnige Art, Unstimmigkeiten auszuräumen.«

»Völlig unsinnig!« rief ich. Erst dann kam mir zum Bewußtsein, daß er meine innersten Gedanken ausgesprochen hatte; ich fuhr in meinem Sessel hoch und starrte ihn an.

»Was sagtest du eben, Holmes? Das übersteigt langsam nun aber doch meinen Verstand!«

[...]

»Du unterschätzt dich! Dem Menschen wurden Gesichtszüge gegeben, seine Gefühlsregungen auszudrücken – und die deinigen sind sehr zuverlässige Diener.«

»Willst du damit etwa sagen, du hast meine Gedanken von meinem Gesicht abgelesen?«

»Genau das, besonders von deinen Augen. Vermutlich weißt du selbst nicht mehr, wie deine Träumerei begann?«

»Nein, kaum.«

»Dann will ich's dir verraten. Nachdem du die Zeitungen beiseite geworfen hast – das war's übrigens, was mich auf dich aufmerksam machte –, saßest du eine halbe Minute mit ganz leerem Ausdruck da. Darauf blieben deine Augen auf dem neugerahmten Bild von General Gordon hängen, und an der Veränderung auf deinem Gesicht bemerkte ich, daß du anfingst zu denken. Aber das führte nicht sehr weit. Dein Blick schweifte hinüber zu dem ungerahmten Bild von Henry Ward Beecher, da – ganz oben auf deinen Büchern. Dann blicktest du auf die Wand, und damit trat deine Überlegung klar zutage. Du dachtest, wenn das Bild gerahmt wäre, könnte es die leere Stelle dort ausfüllen und mit dem von Gordon korrespondieren.«

»Du bist mir wirklich genau gefolgt!«

»Nun, bis jetzt konnte ich kaum fehlschlagen. Aber dann kehrten deine Gedanken zu Beecher zurück, und du schautest angestrengt auf sein Bild, als wolltest du aus seinen Zügen seinen Charakter ergründen. Darauf entspannte sich deine Miene, aber immer noch schautest du unverwandt hin, und dein Gesicht wurde geradezu nachdenklich. Du riefst dir die Situation seiner Laufbahn ins Gedächtnis. Mir war durchaus bewußt, daß du dabei an seine Mission im Interesse der Nordstaaten während des amerikanischen Bürgerkriegs denken mußtest, denn ich erinnere mich noch genau deiner leidenschaftlichen Empörung über die Art, wie er vom aufrührerischen Teil unserer Bevölkerung empfangen worden war. Du hattest dich damals so erregt, daß ich wußte, du könntest nicht an Beecher denken, ohne gleich auch darauf zu verfallen. Als dann einen Moment später deine Augen vom Bild wegglitten, vermutete ich deinen Geist im Bürgerkrieg, und als ich dann bemerkte, wie sich deine Lippen zusammenpreßten, deine Augen funkelten und du die Hände zu Fäusten balltest, war ich sicher, daß du an die Tapferkeit dachtest, die beide Parteien in diesem verzweifelten Kampf bewiesen haben. Doch dein Gesicht wurde trauriger, du schütteltest den Kopf. Du brütetest über die Tragik, den Schrecken und die Vergeudung kostbarer Menschenleben. Deine Hand tastete nach deiner eigenen vernarbten Wunde, und über deine Lippen ging ein flüchtiges Lächeln, das mir zeigte, wie sich dir auch die lächerliche Seite dieser Methode, internationale Probleme beizulegen, aufgedrängt hatte. An diesem Punkt angelangt, konnte ich dir meine Zustimmung nicht verhehlen.«

»Alles vollkommen richtig«, sagte ich. »Aber sogar jetzt noch bin ich verblüfft wie zuvor.«

Überprüft man eine Hypothese über die Identität einer Person anhand der Menge von Hinweisen, die von der physischen Erscheinung des Individuums, der Sprachstruktur usw. ausgehen, so ist darin immer ein gewisses Moment der Annahme enthalten, weshalb Peirce hier von *abduktiver Induktion* spricht:

Nehmen wir einmal an, daß mich während einer Bahnfahrt jemand auf einen Mann aufmerksam macht, der in unserer Nähe sitzt, und mich fragt, ob er nicht an einen katholischen Priester erinnere. Ich lasse daraufhin die beobachtbaren Eigenschaften gewöhnlicher katholischer Priester vor meinem geistigen Auge Revue passieren, um feststellen zu können, inwieweit dieser Mann solche Eigenschaften erkennen läßt. Eigenschaften kann man nicht zählen oder messen; ihre relative Bedeutung in Bezug zu der gestellten Frage läßt sich nur vage abschätzen. Um genau zu sein, die Frage läßt sich in dieser Weise nicht präzise beantworten. Nichtsdestoweniger würde ich dann, wenn die Art der Kleidung des Mannes – Schuhe, Hose, Mantel und Hut – so beschaffen ist, wie man sie bei der Mehrzahl der amerikanischen katholischen Priester antrifft, wenn seine Bewegungen so sind, wie es für sie charakteristisch ist, insofern sie eine ähnliche Selbstbeherrschung verraten, und wenn der Gesichtsausdruck, der auf eine gewisse lange Schulung schließen läßt, ebenfalls für einen Priester charakteristisch ist, während es einen für einen römisch-katholischen Priester äußerst ungewöhnlichen Umstand gibt wie z.B., daß er ein Freimaurerabzeichen trägt, dann würde ich sagen, daß er kein Priester ist, sondern daß er früher einmal katholischer Priester war oder es fast geworden wäre. Diese Art vager Induktion bezeichne ich als *abduktive Induktion.*[96]

In dem vorangegangenen Beispiel war die Frage, die Peirce gestellt wurde, ihrerseits eine Hypothese, die in gewisser Hinsicht der Schlußfolgerung gleicht, die in einer autobiographischen Passage eines anderen Peirce-Artikels festgehalten ist, in dem er schreibt:

Ich landete einst in einem Hafen in einer türkischen Provinz, und, als ich zu dem Haus hinaufging, das ich besuchen wollte, traf ich einen Mann auf einem Pferd, der von vier Reitern, die einen Baldachin über seinen Kopf hielten, umgeben war. Da der Gouverneur der Provinz die einzige Person war, von der ich mir denken konnte, daß sie so hoch geehrt wurde, schloß ich, daß es der Gouverneur war. Das war eine Hypothese.[97]

Die obigen Beispiele veranschaulichen, was Sherlock Holmes unter »Rückschau« versteht (vgl. die *Retro-Duktion* bei Peirce), wobei es sich um eine Fähigkeit handelt, die zwar in vielen Punkten der Art von Denken gleicht, das jeder Mensch alltäglich praktiziert, das jedoch nichtsdestoweniger eine gewisse Spezialausbildung erfordert:

»Bei der Lösung eines Problems dieser Art muß man vor allem die Fähigkeit zur Rückschau besitzen. Diese sehr nützliche und eigentlich ganz leicht zu erwerbende Gabe wird heutezutage nur selten angewandt. In den Dingen des alltäglichen Lebens ist es ja auch meist angebracht, den Blick nach vorn zu richten. Allerdings wird dabei die Beachtung der Vergangenheit vernachlässigt. Auf fünfzig Menschen, die synthetisch denken, kommt höchstens ein Analytiker.«

»Ich gestehe«, bemerkte ich [Watson], »daß ich Ihnen nicht ganz folgen kann.«

»Das durfte ich auch kaum von Ihnen erwarten. Deshalb will ich versuchen, mich klarer auszudrücken. Also: Wenn Sie den Ablauf von mehreren ineinander verwobenen Ereignissen schildern, so werden die meisten Leute in der Lage sein, Ihnen das Ergebnis einigermaßen vorauszusagen. Sie können die Ereignisse im Geist zusammenstellen und daraus folgern, daß sich etwas ereignen wird. Aber nur wenige Menschen gibt es, die von einem Resultat auf die Begebenheiten und Zusammenhänge schließen können, die dazu geführt haben. Gerade dieses Talent meinte ich nun, als ich von Rückschau oder einer ›analytischen‹ Schlußfolgerung sprach.« (*Studie in Scharlachrot*.)

Tatsächlich sagt Holmes wiederholt zu Watson, er sähe genau das gleiche wie andere Menschen und er habe sich lediglich darin geschult, seine Methode anzuwenden, um die volle Bedeutung seiner Wahrnehmungen zu bestimmen. So wird Watson beispielsweise in der Erzählung *Der blaue Karfunkel* von Holmes dazu aufgefordert, einen Hut zu untersuchen, um einen Hinweis auf die Identität des Mannes zu erhalten, der ihn getragen hat. »Ich kann nichts entdecken«, ist Watsons Antwort darauf, woraufhin Holmes erwidert: »Im Gegenteil, Watson, du siehst alles. Du versäumst es allerdings, Schlüsse aus dem zu ziehen, was du siehst. Du bist zu ängstlich beim Ziehen deiner Schlüsse.« In einem ähnlichen Fall in der Erzählung *Das gefleckte Band* gibt Holmes auf Watsons Bemerkung: »Du hast in diesen Zimmern offensichtlich mehr gesehen, als mir sichtbar war«, die Antwort: »Nein, aber ich denke mir, daß ich ein wenig mehr deduziert habe. Meines Erachtens hast du alles gesehen, was ich sah.«

Holmes ist wie Peirce stärker an seiner Methode interessiert als an dem speziellen Gegenstand, auf den sie angewandt wird. So diskutieren Holmes und Watson beispielsweise in der Erzählung *Das Haus bei den Blutbuchen* die Art und Weise, wie letzterer über die Fälle des ersteren berichtet hat, und Holmes kritisiert Watson mit den Worten: »Du bist vielleicht deswegen auf Abwege geraten, weil du den Versuch unternommen hast, all deinen Aussagen Farbe und Leben zu verleihen, anstatt dich auf die Aufgabe zu beschränken, den strengen Schlußprozeß von der Ursache zur Wirkung genau zu protokollieren, was tatsächlich der einzige bemerkenswerte Umstand an dem ganzen Sachverhalt ist.« Nachdem Watson in seiner Erwiderung andeutet, Holmes' Kritik sei selbstgefällig, antwortet Holmes: »Nein, es handelt sich nicht um Selbstsucht oder Dünkel. [...] Wenn ich volle Gerechtigkeit für meine Kunst verlange, so geschieht das, weil sie ein unpersönliches Ding ist – etwas, das über mich selbst hinausreicht. Ein Verbrechen ist etwas Alltägliches. Logik ist aber etwas Besonderes. Deshalb solltest du eher über die Logik als über das Verbrechen nachdenken. Du hast das, was eine Vorlesungsreihe sein sollte, zu einer Reihe von Erzählungen herabgewürdigt.«

Peirce unterschied zwischen dem, was er *logica utens* nannte, wobei er an eine elementare Gebrauchslogik dachte, die eine gewisse allgemeine Methode ist, mit der jedermann Wahrheit erreichen kann, ohne sich dabei jedoch bewußt zu sein, daß er diese Methode anwendet, und ohne genau angeben zu können, worin diese Methode besteht; andererseits sprach er von einer anspruchsvolleren Logik, der *logica docens,* die von Logikern und Wissenschaftlern (aber auch von gewissen Detektiven und Medizinern) betrieben wird, und bei der es sich um eine Logik handelt, die selbsterkennend gelehrt werden kann und die deshalb eine theoretisch entwickelte Methode zur Erkenntnis der Wahrheit ist.[98] Der Wissenschaftler oder Logiker erfindet sich allerdings nicht seine *logica docens,* sondern er untersucht und entwickelt vielmehr die natürliche Logik, die er und jeder andere bereits im alltäglichen Leben verwenden. Urteilt man aufgrund der Äußerungen, die Holmes zu Beginn der Erzählung *Der verschwundene Bräutigam* zu Watson macht, so scheint Sherlock Holmes diese Ansicht zu teilen. Es heißt dort: »Wir würden gar nicht wagen, Dinge zu erfinden – die in Wirklichkeit jeden Tag geschehen können [...]. Man hängt davon ab, und es ist nichts so unnatürlich wie das Alltägliche.« Holmes betont weiterhin, seine Methoden seien »nichts anderes als die Systematisierung alltäglichen Denkens« (*Der bleiche Soldat*).

Dem idealen Logiker [...] sollte eine einzige Tatsache genügen. Aus ihr sollten sich nicht nur die ganze Kette der Ereignisse, sondern auch die sich daraus ergebenden Schlüsse ableiten lassen. So wie Cuvier dazu in der Lage war, ein ganzes Tier nach der Untersuchung eines einzigen Knochens korrekt zu beschreiben, so sollte der Beobachter, der ein Glied in einer Kette von Ereignissen völlig begriffen hat, alle anderen voraufgehenden und folgenden Elemente genau angeben können *(Die fünf Orangenkerne)*.

Es scheint kaum der geringste Zweifel daran zu bestehen, daß die *logica docens* des Sherlock Holmes zu weiten Teilen auf die wissenschaftliche Ausbildung seines Schöpfers Conan Doyle zurückgeht. Tatsächlich hat Doyles Lehrer Bell folgendes geschrieben: »Dr. Conan Doyles Ausbildung als Mediziner hat ihn gelehrt, zu beobachten, und seine Praxis sowohl als Allgemeinmediziner wie auch als Facharzt war eine hervorragende Vorbereitung für einen Menschen wie ihn, der über ausgezeichnete Augen, ein scharfes Gedächtnis und eine weitreichende Vorstellungsgabe verfügte.«[99] Vor allen Dingen scheint das Kontrollbewußtsein, das Holmes an den Tag legt, zu weiten Teilen auf seine Beschäftigung mit der Chemie zurückzugehen.[100] Während »die chemische Forschung, die niemals ein besonderes Ansehen genossen hatte, ihren guten Ruf im Laufe der Zeit völlig verlor, bis schließlich überhaupt nicht mehr die Rede davon sein konnte«, hatte Holmes' Chemielabor die Aufgabe, »ihn in praktischer Berührung mit einer exakten Wissenschaft zu halten, in der Ursache und Wirkung, Aktion und Reaktion mit einer Vorhersagbarkeit aufeinander folgten, die von der weniger strengen ›Wissenschaft der Ermittlung‹ nicht erreicht werden konnte, so sehr er sich in seinem Beruf auch um Exaktheit bemühen mochte«.[101] In diesem Sinne behauptete Holmes in der *Studie in Scharlachrot:* »Die Wissenschaft von Deduktion und Analyse läßt sich wie alle anderen Künste nur durch ausgedehntes und geduldiges Studium erlernen. Ein Leben ist nicht lang genug, als daß der Sterbliche je höchste Vollkommenheit darin erreichte.«

Auch Peirce hat sich Zeit seines Lebens mit der Chemie befaßt. 1909 schrieb er:

Holmes bei einer chemischen Untersuchung

(Illustration von Sidney Paget für *Das Geheimabkommen*, in: *The Strand Magazine*, Oktober 1893.)

Ich habe mich bereits frühzeitig in kindlicher Weise für Dynamik und Physik und für den Bruder meines Vaters interessiert, der Chemiker war. Ich muß ungefähr zwölf Jahre alt gewesen sein, als ich mir mein eigenes Chemielabor einrichtete und mich daran machte, Liebigs hundert Versuche zur qualitativen Analyse auszuprobieren, Sachen wie Zinnfarbe in trockener und nasser Form herzustellen und eine Vielzahl wohlbekannter chemischer Prozesse nachzuvollziehen.[102]

Die Chemie war derjenige Beruf, für den Peirce eine regelrechte Ausbildung erhielt, und es war »die Wissenschaft, in der [er] am meisten gearbeitet [hat]« und »deren Denkweise [er] am meisten bewunderte«.[103]

Für die Menschen, die in der theoretischen Logik unerfahren sind, wird eine Darstellung der Urteilsfähigkeiten eines Fachmannes, wenn er nicht von letzterem über die logischen Schritte unterrichtet wird, die er einschlug, sehr leicht wie Zauberei erscheinen. Nordon weist auf diesen Sachverhalt hin: »Seine Deduktionen führen Holmes zu Entdeckungen, die geradezu wie Zauberei erscheinen.«[104] Dr. Watson ist, wie jeder weiß, ständig von Holmes Deduktionen überwältigt. Dieser Effekt wird noch durch Holmes »beträchtliche Vorliebe [. . .] für einen theatralischen Aufbau und für dramatische Effekte«[105] verstärkt; gerade diese Eigenschaft teilte er mit Peirce, urteilt man von der dramatischen Weise, in der letzterer über die Geschichte mit der verschwundenen Uhr berichtete, wie auch von der Tatsache, daß er angeblich seit seiner Kindheit ein erhebliches Interesse und Talent für die Schauspielkunst besaß.

Die Familie Peirce hatte über Generationen ein lebhaftes Interesse an Theater und Oper gezeigt, wobei sie sogar bei sich zu Hause Schauspieler zu Gast hatte. Es wird berichtet, Peirce habe als Kind die Absicht gehabt, Redner zu werden und diese Entscheidung wurde sowohl durch die Lektüre solcher Werke wie Poes *The Raven* beeinflußt als auch später durch seine Mitgliedschaft in der Debattiergesellschaft an seiner Hochschule.[106] Auch noch als Student an der Harvard-Universität behielt Peirce sein Interesse an der Vortragskunst, der Rhetorik und Theateraufführungen bei. Während des ersten Studienjahres trat er dem W.T.K. (Wen Tchang Koun, chinesisch für »Kollegium für literarische Übungen«) bei, das sich auf Debatten, Reden, Scheinprozesse und das Vortragen von Aufsätzen, Gedichten und Schauspielen spezialisiert hatte. 1858, während seines letzten Studienjahres, war er Gründungsmitglied der O.K.-Gesellschaft am Harvard-College, die sich mit den Vortrags- und Redekünsten in Beziehung zu literarischen Werken befaßte.[107] Es ist bekannt, daß Peirce als Erwachsener vor Freunden im Hause seines älteren Bruders »Jem« in Cambridge und vor den Mitgliedern des *Century Club* in New York aus Shakespeares *König Lear* rezitierte. Peirce besuchte das Theater und die Oper, als er sich in Paris aufhielt, und seine zweite Frau, Juliette, war Schauspielerin. Er und Juliette unterhielten Kontakte zu Freunden vom Theater wie z.B. Steele und Mary MacKaye, und sie nahmen sogar gelegentlich an Aufführungen von Laienspielgruppen wie z.B. einer Aufführung von Legougés *Medea* teil, die Peirce ins Englische übersetzt hatte.[108]

Watson schreibt in *Skandal in Böhmen* über Holmes: »Wie der Wissenschaft ein hervorragender Geist verlorenging, als er sich der Aufklärung von Verbrechen zuwandte, so auch der Bühne ein blendender Schauspieler.« In gewisser Hinsicht gleicht die dramatische Art und Weise, mit der Holmes seine logischen Operationen zu erkennen gibt, dem Stil, mit dem einige Ärzte ihre Patienten von ihren scheinbar magischen Diagnosefähigkeiten zu beeindrucken versuchen, wodurch sie auf seiten des Patienten ein Gefühl des Vertrauens erwecken, das zu dem Heilungsprozeß beitragen kann.

Rituelle Täuschungen machen in der klinischen Praxis den wesentlichen Gehalt des sog. Placebo-Effektes aus.[109] Das Placebo wird für wirksam gehalten, weil der Patient an seine Wirksamkeit glaubt; dieser Glaube wird sowohl durch geeignete Hinweise von seiten des Arztes und anderer an diesem Prozeß beteiligter Personen unterstützt als auch durch den Kontext gesteuert, in dem das Placebo verabreicht wird.[110] Einige Ärzte wie z.B. Karl Scheibe bezeichnen die von Holmes praktizierte Methode der Voraussage als »Spitzfindigkeit«, insofern sie »eine ausdrucksvolle Fähigkeit mit analytischer Genauigkeit« paart. Scheibe beobachtet:

> Wenn man sich den schrecklichen, aber wohlgeordneten Beobachtungs- und Schlußfähigkeiten des [...] Detektivs in nachteiliger Weise ausgesetzt fühlt, [...] dann hat man einen Überlegenen in Wirklichkeit als Autorität anerkannt, und es gibt keine Hoffnung mehr, die Geschehnisse zu meistern. [...] In dem Maße, wie die gesamte Öffentlichkeit dem [...] Detektiv besondere Verstandesfähigkeiten zuschreibt, wird die Spitzfindigkeit dieser Praktiker vergrößert. Gleichfalls gilt, daß in dem Maße, wie irgendein Spieler dazu in der Lage ist, an die Naivität oder Leichtgläubigkeit des anderen Spielers hinsichtlich seiner Absichtslosigkeit zu appellieren, sich der zweite Spieler im Endeffekt unter der Kontrolle des ersten befindet. Das ist das Grundprinzip des Spiels um das Vertrauen.[111]

Ein ähnlich angelegtes Betrugsspiel findet natürlich auch zwischen dem Autor eines Kriminalromans und seiner Leserschaft statt. Conan Doyle hat das sowohl indirekt durch die Figur des Sherlock Holmes als auch direkt in seiner Autobiographie zugegeben. So sagt Holmes beispielsweise in der Erzählung *Ein ganz einfacher*

Fall zu Watson: »Das ist ein Beispiel für eine verblüffende Wirkung, die dadurch hervorgerufen wird, daß der andere den Angelpunkt der Schlußfolgerung nicht mitbekommen hat. Das gleiche gilt für einige deiner kleinen Skizzen, mein Guter: Der Effekt wirkt aus der Luft gegriffen und überraschend, weil du dem Leser einige Fakten vorenthältst.« In seiner Autobiographie schreibt Conan Doyle im Zusammenhang einer Diskussion kompositorischer Aspekte einer Kriminalgeschichte: »In erster Linie geht es darum, eine Idee zu bekommen. Ist diese Zentralbedingung erfüllt, so besteht die nächste Aufgabe darin, sie zu verbergen und all das in den Vordergrund zu rücken, was eine andersartige Erklärung nahelegen könnte.«[112] Auch Holmes hat es große Freude bereitet, Kriminalbeamte dadurch zu verspotten, daß er ihnen wissentlich Hinweise lieferte, ohne jedoch deren Stellenwert anzugeben *(Das Geheimnis von Boscombe Valley, Ein unheimliches Paket, Im Zeichen der Vier, Das verschwundene Rennpferd).*

Auch Joseph Bell bezieht sich in der folgenden Äußerung auf diese Art der psychologischen Manipulation:

Das Erkennen [einer Krankheit] beruht zu weiten Teilen auf der exakten und schnellen Erfassung geringfügiger Umstände, durch die sich die Krankheit von dem Zustand der Gesundheit unterscheidet. Das läuft darauf hinaus, daß dem Studenten beigebracht werden muß, zu beobachten. Um ihn an dieser Art von Arbeit zu interessieren, ist es für uns Lehrer nützlich, dem Studenten vorzuführen, wieviel ein geschulter Einsatz der Beobachtung über so alltägliche Angelegenheiten wie die Vorgeschichte, die Nationalität und den Beruf eines Patienten in Erfahrung bringen kann. *Sehr wahrscheinlich wird auch der Patient von Ihrer Fähigkeit überzeugt sein, ihn in der Zukunft zu heilen, wenn er sieht, daß Sie mit einem Blick sehr viel von seiner Vergangenheit erfassen. Es sollte noch betont werden, daß der ganze Trick wesentlich einfacher ist, als es im ersten Moment erscheinen könnte.*[113] [Hervorhebung von uns.]

Holmes eröffnet sehr häufig seine erste Unterhaltung mit einem zukünftigen Klienten mit einer verblüffenden Serie von »Deduktionen« ganz nach der Beschreibung von Bell, und oftmals »haben diese geschickten kleinen Deduktionen [...] nichts mit dem vorliegenden Sachverhalt zu tun, sondern vermitteln dem Leser lediglich ein allgemeines Empfinden von Begabung. Der gleiche Effekt wird durch seine unvermittelte Anspielung auf andere Fälle erreicht.«[114]

Und wer von uns wäre nicht durch ähnliche Interviewtechniken unseres eigenen Hausarztes eingeschüchtert worden, wenn er uns eine Reihe scheinbar zusammenhangloser Fragen vorlegt (z.B.: Haben Sie in letzter Zeit stark geraucht? ... Verspüren Sie die Schmerzen nur nachts? ... Hat ihre Mutter jemals unter Kopfschmerzen gelitten?) und uns nach Beendigung dieser Fragen plötzlich seine Diagnose bekanntgibt, wobei uns diese Mitteilung deshalb, weil wir die Bedeutung jedes einzelnen Hinweises nicht einzuschätzen vermögen, und uns von daher die Schlüssigkeit der betreffenden Abfolge von Fragen verschlossen bleibt, völlig rätselhaft erscheint. Wenn der Arzt bereits auf eine bestimmte Diagnose tippt, diese Meinung dem Patienten jedoch noch nicht mitgeteilt hat, werden die Fragen, die er zur Überprüfung seiner Hypothese stellt, dem Patienten fast wie eine Übung in außersinnlicher Wahrnehmung erscheinen (z.B.: Sie haben dieses Gefühl nur eineinhalb Stunden nach einer Mahlzeit und es wird von einem klopfenden Schmerz in Ihrem rechten Arm begleitet? – Ja, aber woher wissen Sie das?).

Während – wie Peirce uns gelehrt hat – Annahmen einen wichtigen Bestandteil aller logischen Operationen

Holmes bei seiner Lieblingseröffnung, den Klienten zu Beginn zu beeindrucken. Hier deckt er in der Erzählung *Das gelbe Gesicht* das Inkognito von Herrn Grant Munro auf, indem er Munros Name am Futter von dessen Hut abliest.

(Illustration von Sidney Paget für *Das gelbe Gesicht*, in: *The Strand Magazine*, Februar 1893.)

ausmachen, könnte der typische Patient sein Vertrauen in seinen Doktor verlieren, wenn er erführe, welchen Anteil Annahmen an der medizinischen Diagnose und Behandlung haben, so daß Ärzte mehr oder minder dazu gezwungen sind, diesen Aspekt ihrer Vorgehensweise zu verbergen, was auch zu weiten Teilen für Sherlock Holmes zutrifft, wenn es darum geht, seine Reputation als Meisterdetektiv aufzubauen. Genau wie in dem zuvor diskutierten Beispiel verfahren Ärzte, indem sie den Patienten mittels der bewußten Einnebelung des Schlußprozesses sozusagen hinters Licht führen, indem sie Fragen stellen, die wie Deduktionen erscheinen, indem sie einfach so handeln, als wären sie durch Deduktion und Induktion zu einer Diagnose gelangt, ohne daß eine Abduktion vorausgegangen wäre, oder indem sie den Anschein erwecken, sie verstünden unsere innersten Gedanken und Gefühle ohne die Vermittlung durch die von dem Patienten abgegebenen Zeichen.

Die Bedeutung solcher Tricks für Holmes' Reputation zeigt sich in der folgenden Passage aus der Erzählung *Der Klub der Rothaarigen,* in der sich der Detektiv mit einem gewissen Herrn Jabez Wilson unterhält. Holmes gibt seine überraschend zutreffende Schlußfolgerung über Wilsons Lebenslauf und dessen Lebensstil bekannt; in diesem Moment »fuhr Herr Wilson aus seinem Stuhl hoch« und fragte: »Wie um alles in der Welt konnten Sie das alles in Erfahrung bringen, Herr Holmes?«

»Woher wissen Sie zum Beispiel, daß ich mit den Händen gearbeitet habe? Es stimmt nämlich – ich hab' als Schiffszimmermann angefangen.«

»Ihre Hände verraten es, werter Herr. Ihre rechte Hand ist beträchtlich kräftiger als Ihre linke. Durch die schwere Arbeit haben sich die Muskeln besser entwickelt.«

»Gut. Und das Schnupfen und die Freimaurerei?«

»Ich möchte Sie nicht beleidigen, wenn ich Ihnen sage, wie ich dahintergekommen bin – zumal Sie entgegen den ziemlich strengen Regeln Ihres Ordens eine Nadel mit Bogen und Zirkel tragen.«

»Ah ja, natürlich. Das hab' ich vergessen. Aber das Schreiben?«

»Was sonst könnte bewirkt haben, daß Ihre rechte Manschette fünf Zoll hoch derart glänzt und der linke Arm nahe dem Ellbogen eine glatte Stelle aufweist, wo Sie Ihren Arm auf den Tisch stützen?«

»Na gut. Aber China?«

»Der Fisch unmittelbar über Ihrem rechten Handgelenk kann nur in China tätowiert worden sein. Ich habe mich ein wenig mit Tätowierungen beschäftigt und sogar zur Literatur über diesen Gegenstand etwas beigetragen. Die Eigenart, die Schuppen des Fischs zartrosa zu färben, spricht eindeutig für China. Sehe ich darüber hinaus eine chinesische Münze an Ihrer Uhrkette hängen, liegt die Lösung nahe.«

Herr Jabez Wilson lachte behäbig. »Nein, so was!« sagte er. »Zuerst hab' ich ja gedacht, Sie hätten wunder was vollbracht, aber jetzt sehe ich, daß im Grunde gar nichts dabei ist.«

»Watson«, sagte Holmes, »ich glaube nachgerade, das Erklären ist ein Fehler. *›Omne ignotum pro magnifico‹*, weißt du, und meine ohnehin nicht übermäßig große Reputation geht vollends in die Binsen, wenn ich weiterhin so offenherzig bin.«

In ähnlicher Weise äußert sich Holmes in der Erzählung *Der Fehler in der Rechnung:* »Ich fürchte, ich gebe mich ziemlich preis, sobald ich erkläre. [...] Resultate ohne Ursachen sind viel eindrucksvoller.« In der Erzählung *Der abgerissene Zettel* ist Holmes einem Klienten gegenüber nichts anderes als vollkommen ehrlich, wenn er ihm sagt: »Vielleicht werden Sie enttäuscht sein, wenn Sie alles gehört haben, aber ich mache nie ein Geheimnis aus meiner Arbeitsweise. So habe ich es bei meinem Freund Watson und jedem Menschen gegenüber, der ein ehrliches und verständiges Interesse bewies, immer gehalten.«

Peirce und seine Frau Juliette 1907 neben dem Brunnen in »Arisbe«, ihrem Haus in der Nähe von Milford, Pennsylvania.

IV
Thaumaturgie in Wahrheit und Fiktion

Die Gegenüberstellung der Arbeitsweise des Detektives Charles S. Peirde und der Arbeitsweise des Semiotikers Sherlock Holmes, die als ein *jeu d'esprit* begann, soll damit enden, daß sowohl die historische als auch die fiktive Person in ein unerwartetes Licht gerückt werden. Aus der Perspektive des großen Logikers und Universalgelehrten erscheint die Holmessche Wissenschaft der Deduktion und Analyse, die er in seinem »Lebenswerk« *(Studie in Scharlachrot)* umfassend entfaltete – wobei der »Autor behauptete, aufgrund einer momentanen Ausdrucksbewegung wie etwa einer Muskelanspannung oder einem Augenzwinkern die innersten Gedanken eines Menschen ergründen zu können« –, unter keinen Umständen als »unbeschreibliches Geschwätz« oder »Schund«, wie sie von Watson zuerst eingestuft wurde. Die von Holmes in diesem Artikel entwickelten Theorien, die seinem Biographen Watson »so phantastisch« erschienen, sind tatsächlich äußerst praktisch, und sein geplantes einbändiges Lehrbuch über die »gesamte Kunst der Ermittlung« *(Der Tote von Abbey Grange)*, dem er seinen »Lebensabend« widmen wollte, setzt in der Ideengeschichte ein kontextuelles Grundprinzip voraus, und basiert, teils wie es ist, teils wie es hätte sein können, auf einem »Gemisch aus Vorstellung und Wirklichkeit« *(Das Rendezvous an der Brücke)* und der wohlüberlegten Ausführung der Spekulation als »der wissenschaftlichen Anwendungsform der Vorstellungskraft« (*Der Hund von Baskerville*).

Holmes war ein hervorragender Arzt der organisierten Gesellschaft, deren Krankheit das Verbrechen ist. So wie bei dem Erlebnis in *Der Mann, der auf allen vieren lief*, spricht er von seinen Fällen »in der Art eines Pathologen, der ein seltenes Exemplar vorführt«. Holmes war sehr froh darüber, daß sich Watson dazu entschlossen hatte, diejenigen Ereignisse aufzuzeichnen, die Deduktionen und logische Synthesen ermöglichten. Während er in der *Studie in Scharlachrot* die Ansicht vertrat, daß »das ganze Leben eine große Kette ist, deren Beschaffenheit man dann erkannt hat, wenn uns auch nur ein einziges Glied dieser Kette vorgeführt wird«, war er auch der Meinung, daß seine Schlußfolgerungen von einem Glied auf das andere »so fehlerfrei waren wie viele Sätze des Euklid. Seine Ergebnisse würden einem Uneingeweihten so verblüffend erscheinen, daß sie ihn solange, bis sie die Prozesse kennenlernten, durch die er zu ihnen gelangte, ohne weiteres für einen Zauberer halten könnten.«

Peirce war auf seine Weise ein ebenso großer Zauberer wie Holmes, und das rührt daher, weil uns seine Schriften und die Einzelheiten seiner Biographie gefesselt halten. Er war der sowohl gewichtigen als auch zutreffenden Charakterisierung von Charles Morris zufolge »Erbe der gesamten historischen philosophischen Zeichenanalyse [...]«.[115] Peirce stellt den bislang höchsten Gipfel in dem Gebirge dar, das sich im antiken Griechenland mit der klinischen Semiotik des Hippokrates aufzufalten begann, das sich umfassender und ausdrücklicher mit Galen[116] entwickelte und seine Fortsetzung durch den Arzt Locke fand, dessen *semiotikė* Peirce »eindeutig bestimmte und gebührend beachtete«, und die ohne jeden Zweifel »eine andersartige Logik und Kritik erforderte, als wir sie bislang kannten«.[117]

Man kann auf der einen Seite wie wir die Kontinuität und den kumulativen Effekt dieses Panoramas proklamieren, das sich von der archaischen medizinischen Diagnose und Prognose bis zu der modernen Darstellung einer Zeichenlehre durch Peirce und darüber hinaus durch solche modernen Virtuosen wie den baltischen Biologen Jakob von Uexküll (1864–1944) und den französischen Mathematiker René Thom (geb. 1923) erstreckt. Diese Bewegung zu dokumentieren ist eine andere Sache. Um diese Aufgabe sorgfältig zu erfüllen, ist wenigstens noch ein Menschenalter konzentrierter Bemühungen von Gruppen kenntnisreicher Spezialisten in der verschlungenen Geschichte der Zeichenwissenschaft erforderlich[118], deren grobe Umrisse bislang erst durch die wenigen Forscher skizziert wurden, die dazu in der Lage sind, den Hinweisen zu folgen, die Peirce, der der bislang kühnste Pionier oder Bahnbrecher in diesem großen Abenteuer war, offengelegt hat.

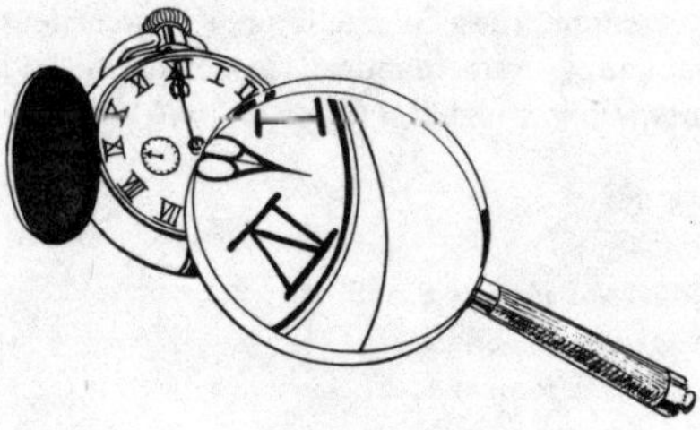

Anmerkungen

1 Charles S. Peirce, *Guessing,* in: *Hound and Horn,* April–Juni 1929, S. 271.
2 Ibid., S. 273.
3 Ibid., S. 275.
4 Ibid., S. 275–277.
5 Ibid., S. 281.
6 An anderer Stelle (*Collected Papers* 7.219; vgl. Ms. 692) schrieb er: »[...] Abduktion ist letzten Endes nichts anderes als eine Annahme.« Vergleiche dazu Noam Chomskys erklärende Bemerkungen über die Abduktion, die er hinsichtlich »desjenigen Philosophen abgab, dem er sich am verwandtesten [fühlte]«: »Peirce argumentierte, daß man als Erklärung für die Zunahme an Kenntnis annehmen muß, daß ›des Menschen Geist eine natürliche Anpassung an die Vorstellung richtiger Theorien irgendwelcher Arten besitzt‹, irgendein Prinzip der ›Abduktion‹, das ›zulässigen Hypothesen eine Grenze setzt‹, eine Art von ›Instinkt‹, der im Laufe der Evolution entwickelt wurde. Peirces Vorstellungen über Abduktion waren ziemlich verschwommen, und seine Vermutung, daß biologisch vorgegebene Strukturen eine fundamentale Rolle bei der Auswahl wissenschaftlicher Hypothesen spielen, scheint sehr geringen Einfluß gehabt zu haben. Meines Wissens hat fast niemand versucht, diese Vorstellungen weiterzuentwickeln, obwohl unabhängig voneinander verschiedentlich ähnliche Ansichten entwickelt wurden.« (*Sprache und Verantwortung,* 1981, S. 98f.)
7 Peirce, Ms. 692.
8 Ibid.
9 Peirce, *Collected Papers* 8.238.
10 Peirce, *Guessing,* S. 282.
11 Peirce, *Collected Papers* 1.121.
12 Peirce, Ms. 692.
13 Zu dem Begriff »*lumière naturelle*« vergleiche Maryann Ayim, *Retroduction: The Rational Instinct,* in: *Transactions of the Charles S. Peirce Society,* 10, 1974, S. 43, Anm. 4.
14 Ibid., S. 36.

15 Leider sagte Holmes das jedoch niemals. Genausowenig sagte er: »Das ist elementar, mein lieber Watson.«
16 Norwood Russell Hanson, in: *Perspectives on Peirce* (1965), hg. von Richard J. Bernstein, S. 59.
17 Peirce, Ms. 692.
18 Carolyn Eisele, *The New Elements of Mathematics by Charles S. Peirce* (1976), Bd. 3, S. 206.
19 Peirce, *Guessing*, S. 269.
20 Peirce, Ms. 692.
21 Peirce, *Guessing*, S. 282.
22 Ibid., S. 281.
23 Ibid., S. 280.
24 Vgl. Peirce, *Guessing*, sowie *Collected Papers* 7.21–48.
25 Peirce, *Collected Papers* 5.181.
26 Ibid.
27 Ibid.
28 Ibid.; vgl. 6.522, Ms. 316.
29 Ibid., 7.218.
30 Vgl. dazu die Diskussion in den *Collected Papers* 1.65–68; 2.96–97; 5.145; 7.97; 7.202–207.
31 Ibid., 2.97.
32 Ibid., 5.145.
33 Peirce, Ms. 692.
34 Peirce, *Collected Papers* 2.643.
35 Charles S. Hardwick (Hg.), *Semiotic and Significs: The Correspondence Between Charles S. Peirce and Victoria Lady Welby* (1977), S. 113.
36 Kenneth Laine Ketner und James Edward Cook (Hg.), *Charles Sanders Peirce: Contributions to* The Nation, *Teil 1: 1869–1893* (1975).
37 Peirce, *Collected Papers* 1.251; 6.460; Ms. 689, Ms. 1539.
38 Vgl. beispielsweise: Régis Messac, *Le »Detéctive Novel« et l'influence de la pensée scientifique* (1929), S. 596–602. Pierre Nordon, *Conan Doyle* (1966), S. 212 ff. Trevor Hall, *Sherlock Holmes and His Creator* (1978), S. 76.
39 J. L. Hitchings, *Sherlock Holmes the Logician*, in: *The Baker Street Journal* (alte Serie), April 1946, S. 117.
40 Messac, S. 612; vgl. Nordon, S. 244.
41 Sir Arthur Conan Doyle, *Memories and Adventures* (1924), S. 26.
42 Hitchings, S. 115.
43 Ibid., S. 115–116.

44 Nordon, S. 217.
45 Vgl. beispielsweise: Peirce, *Collected Papers* 7.220–232.
46 Peirce, Ms. 696. Martin Gardner beschreibt diesen Prozeß folgendermaßen: »Wie der Naturwissenschaftler, der sich darum bemüht, ein Geheimnis der Natur zu lüften, trug Holmes zuerst alle ihm erreichbaren Belege zusammen, die für sein Problem Relevanz besaßen. Gelegentlich führte er Experimente durch, um an neue Daten zu gelangen. Daraufhin unterzog er das gesamte Beweismaterial einer Sichtung im Lichte seiner umfangreichen Kenntnisse von Verbrechen und/oder von Wissenschaften, die für das Verbrechen relevant waren, um auf diesem Wege zu der wahrscheinlichsten Hypothese zu gelangen. Aus dieser Hypothese wurde deduziert; dann wurde die Theorie angesichts neuer Beweise weiteren Prüfungen unterzogen, im Bedarfsfall revidiert, bis schließlich die Wahrheit mit einer an Sicherheit grenzenden Wahrscheinlichkeit ans Tageslicht kam.« (*The Irrelevance of Conan Doyle*, in: *Beyond Baker Street* [1976], hg. von Michael Harrison, S. 125.)
47 Peirce, *Collected Papers* 7.220; vgl. 6.529.
48 Thomas A. Sebeok, *The Sign & Its Masters* (1979), Kap. 5.
49 Martin Gardner, *Fads and Fallacies in the Name of Science* (1957), S. 109.
50 Beispiele hierfür von Persi Diaconis und einem Künstler, der den Namen Kreskin trägt, werden von Sebeok zitiert. Diese Fälle weisen eine ungemeine Ähnlichkeit mit der Geschichte von Peirces Uhr auf. Diaconis, der nebenbei bemerkt zu den begabtesten zeitgenössischen Zauberern gehört, ist auch einer der führenden Experten der anspruchsvollen statistischen Analyse von Rate- und Spielstrategien sowie im Bereich der Anwendung neuer Verfahren in der parapsychologischen Forschung – auch wenn er bislang nur zu restlos negativen Ergebnissen gelangte (vgl. Persi Diaconis, *Statistical Problems in ESP Research*, in: *Science*, Juli 1978, S. 136). Man sollte in diesem Zusammenhang aber auch Jurij K. Scheglovs Beobachtungen erwähnen, daß die Spannung und die Aufregung steigen, wenn Holmes' logisches Denken langsam »an dem Verbrecher hochkriecht und einen Zipfel des Vorhangs lüftet (es handelt sich hierbei um den weitgehend gleichen Effekt wie in dem Kinderspiel ›warm oder kalt‹, wenn immer weniger Auswahlmöglichkeiten zur Verfügung stehen und ›immer heißer‹ werden)« (*Towards a Description of Detective Story Structure*, in: *Russian Poetics in Translation*, Bd. I, 1975, S. 63).

51 Peirce, *Collected Papers* 2.635; 6.524; 7.202.

52 Nebenbei bemerkt werden in zwei Holmes-Geschichten Detektive der Pinkerton National Detektei charakterisiert: Young Leverton, der in der Erzählung *Ein Zimmer in Bloomsbury* eine Nebenrolle spielt, und Birdy Edwards, alias John (»Jack«) McMurdo, alias John (»Jack«) Douglas, der vermutlich gegen Ende der Erzählung *Das Tal der Furcht* von der Moriarty-Bande von Bord der St. Helena gestoßen wurde.

53 Eine interessante Parallele hierzu findet sich in Voltaires *Zadig* (Kap. 3), wo Zadigs geschicktes Lesen versteckter Hinweise dazu führt, daß er festgenommen, vor Gericht gestellt und verurteilt wird. Über Holmes und Zadig gibt es eine beachtliche Sekundärliteratur.

54 Messac, S. 599.

55 Ibid., S. 601.

56 Ibid., S. 602.

57 Nordon, S. 245.

58 Marcello Truzzi, *Sherlock Holmes: Applied Social Psychologist*, in: *The Humanities as Sociology* (1973), hg. von Marcello Truzzi, S. 93–126.

59 Peirce, *Collected Papers* 8.228.

60 Ibid.

61 Ibid., 8.227.

62 Ibid., 2.228; vgl. 5.590–604; Ms. 475; Ms. 1146.

63 Ibid., 7.218.

64 Ibid., 2.632.

65 John G. Cawelti, *Adventure, Mystery, and Romance: Formula Stories as Art and Popular Cultur* (1976), S. 11 und 58.

66 I.I. Revzin, *Zur semiotischen Analyse des Detektivromans am Beispiel der Romane Agatha Christies*, in: Jochen Vogt (Hg.), *Der Kriminalroman*, Bd. 1, München 1971, S. 139–142. Die russische Originalfassung erschien 1964.

67 Peirce, *Collected Papers* 6.458.

68 Ibid., 6.455.

69 Ibid., 6.458.

70 Ibid., 6.459.

71 Ibid., 6.460.

72 Nordon, S. 247.

73 Vgl. Thomas A. Sebeok, *Theorie und Geschichte der Semiotik* (1979), S. 18, 101, 162 f.

74 Peirce, *Collected Papers* 1.226.

75 Persönliche Mitteilung von Max H. Fisch.
76 Peirce, *Collected Papers* 2.11, Anm. 1.
77 In einer Notiz von Max H. Fisch.
78 Peirce, *Collected Papers* 1.95–97.
79 Ibid., 8.58.
80 Peirce, Ms. 696. Wie Steven Jay Gould kürzlich im Hinblick auf die akademische Welt im allgemeinen bestätigte, »sind unbewußte oder nicht hinreichend erkannte Betrügereien, Verfälschungen und Manipulationen [von Daten] in einem Berufsstand weit verbreitet, heimisch und unvermeidlich, der einwandfreie und klare Forschungsarbeit mit Ansehen und Macht belohnt« (*Morton's Ranking of Races by Cranial Capacity*, in: *Science*, Mai 1978, S. 504). Kurz gesagt könnte man eine derartige Manipulation von Daten als eine wissenschaftliche Norm betrachten.
81 Maurice Campbell, *Sherlock Holmes and Dr. Watson: A Medical Digression* (1935), S. 13.
82 Vgl. hierzu sowohl Messac als auch Hitchings.
83 Messac, S. 617.
84 Doyle, S. 69.
85 Ibid., S. 20.
86 Ibid.
87 Ibid., S. 20–21.
88 Hall, S. 80–83.
89 William S. Baring-Gould (Hg.), *The Annotated Sherlock Holmes* (1967), Bd. 1, S. 7.
90 Erneut abgedruckt in Hall, S. 82–83.
91 Ibid., S. 78.
92 Ibid.
93 Zu der Bedeutung von Fenstern in den Sherlock Holmes-Geschichten und in den Arbeiten von Jules Verne vgl. Thomas A. Sebeok und Harriet Margolis, *Captain Nemo's Porthole*, in: *Poetics Today* (1981).
94 Vincent Starrett, *The Private Life of Sherlock Holmes* (1971), S. 25–26. Die erste Auflage stammt von 1934.
95 Peirce, Ms. 316.
96 Peirce, Ms. 692; vgl. *Collected Papers* 6.526.
97 Peirce, *Collected Papers* 2.625.
98 Peirce, Ms. 692. Vgl. dazu auch die Diskussion in Joseph Ransdell, *Some Leading Ideas of Peirce's Semiotic*, in: *Semiotica* 19, 1977, Nr. 3–4, S. 165.
99 Joseph Bell, *Mr. Sherlock Holmes*, Einleitung zur vierten Auflage

der *Studie in Scharlachrot* (1893), die zuvor in *Bookman* publiziert worden war; zitiert nach Nordon, S. 213.

100 Bei einer Auflistung verschiedener Fähigkeiten, die Holmes besaß, bezeichnet Watson lediglich die Kenntnisse in der Chemie als »profund« (*Studie in Scharlachrot*). Zu Holmes als »einem enttäuschten Chemiker« vgl. Peter Cooper, *Holmesian Chemistry*, in: *Beyond Baker Street: A Sherlockian Anthology* (1976), hg. von Michael Harrison, S. 67–73.

101 Charles O. Ellison, in: Hall, S. 36–37.

102 Peirce, Ms. 619.

103 Ibid., Ms. 453; vgl. Hardwick, S. 114.

104 Nordon, S. 222.

105 Starrett, S. 29.

106 Max H. Fisch in einer persönlichen Mitteilung.

107 Christian Kloesel in einer persönlichen Mitteilung. Vgl. dazu auch Kloesel, *Charles Peirce and the Secret of the Harvard O.K.*, in: *The England Quarterly*, März 1979.

108 Max H. Fisch in einer persönlichen Mitteilung.

109 Zu einer detaillierteren Diskussion vgl. Sebeok, *The Sign & Its Masters*, Kap. 5 und 10.

110 Zu einer von einem Arzt verfaßten, zutreffenden und allgemeinverständlichen Darstellung der Wirkweisen des Placebo-Effektes von »Heilmitteln« und der Kraft der Suggestion unter Einschluß der Hypnose vgl. William A. Nolan, *Healing: A Doctor in Search of a Miracle* (1974).

111 Karl E. Scheibe, *The Psychologist's Advantage and Its Nullification: Limits of Human Predictability*, in: *American Psychologist*, Oktober 1978, S. 872–875.

112 Doyle, S. 101.

113 Zit. nach Hall, S. 83.

114 Doyle, S. 101–102.

115 Charles Morris, *Writings on the General Theory of Signs* (1971), S. 337.

116 Sebeok, *The Sign & Its Masters*, Kap 1.

117 John Locke [1631–1704], *An Essay Concerning Human Understanding* (1975), hg. von Peter H. Nidditch, S. 721.

118 Vgl. Jerzy Pelc, *On the Prospects of Research in the History of Semiotics*, in: *Semiotic Scene* 1977, S. 1–12.

Literatur

Ayim, Maryann, *Retroduction: The Rational Instinct,* in: *Transactions of the Charles S. Peirce Society* 10, 1974, Nr. 1, S. 34–43.

Baring-Gould, William S. (Hg.), *The Annotated Sherlock Holmes,* 2 Bde., New York: Clarkson N. Potter 1967.

Bell, Joseph, *Mr. Sherlock Holmes.* Einleitung zur vierten Auflage von *A Study in Scarlet,* London: Ward, Lock 1893. Zuerst erschienen unter dem Titel *The Adventures of Sherlock Holmes,* in: *The Bookman,* London, 3, 1892, Nr. 15 (Dez.), S. 79–81.

Bernstein, Richard J. (Hg.), *Perspectives on Peirce,* New Haven: Yale University Press 1965.

Campbell, Maurice, *Sherlock Holmes and Dr. Watson: A Medical Digression,* London: Ash 1965.

Cawelti, John G., *Adventure, Mystery, and Romance: Formula Stories as Art and Popular Culture,* Chicago: University of Chicago Press 1976.

Chomsky, Noam, *Sprache und Verantwortung,* Frankfurt: Ullstein 1981.

Cooper, Peter, *Holmesian Chemistry,* in: *Beyond Baker Street: A Sherlockian Anthology,* Hg. v. Michael Harrison, Indianapolis: Bobbs-Merill 1976, S. 67–73.

Diaconis, Persi, *Statistical Problems in ESP Research,* in: *Science* 201, Juli 1978, S. 131–136.

Doyle, Arthur Conan, *Memories and Adventures,* Boston: Little, Brown 1924.

Eisele, Carolyn (Hg.), *The New Elements of Mathematics by Charles S. Peirce,* 4 Bde., The Hague: Mouton 1976.

Fisch, Max H., *Peirce's Place in American Thought,* in: *Ars Semeiotica* 1, 1977, Nr. 1, S. 21–37.

Ders., *Was There a Metaphysical Club in Cambridge?,* in: *Studies in the Philosophy of Charles Sanders Peirce,* 2. Serie, Hg. v. Edward C. Moore und Richard S. Robin, Amherst: University of Massachusetts Press 1964, S. 3–32.

Gardner, Martin, *Fads and Fallacies in the Name of Science*, New York: Dover 1957.

Ders., *The Irrelevance of Conan Doyle*, in: *Beyond Baker Street: A Sherlockian Anthology*, Hg. v. Michael Harrison, Indianapolis: Bobbs-Merill 1976, S. 123–135.

Gould, Stephen Jay, *Morton's Ranking of Races by Cranial Capacity*, in: *Science* 200, Mai 1978, S. 503–509.

Hall, Trevor H., *Sherlock Holmes and His Creator*, London: Duckworth 1978.

Hardwick, Charles S. (Hg.), *Semiotic and Significs: The Correspondence Between Charles S. Peirce and Victoria Lady Welby*, Bloomington: Indiana University Press 1977.

Hilton, George W., *The Night Boat*, Berkeley: Howell-North Books 1968.

Hitchings, J. L., *Sherlock Holmes the Logician*, in: *The Baker Street Journal* (alte Folge) 1, 1946, Nr. 2 (April), S. 113–117.

Horan, James D., *The Pinkertons: The Detective Dynasty that Made History*, New York: Crown Publishers 1967.

How, Harry, *A Day with Dr. Conan Doyle*, in: *The Strand Magazine* 4, 1892, Nr. 2 (August), S. 182–188.

Ketner, Kenneth Laine, und Cook, James Edward (Hg.), *Charles Sanders Peirce: Contributions to* The Nation, *Teil 1: 1869–1893*, Lubbock: Texas Tech Press 1975 (= Graduate Studies, Texas Tech University, Nr. 10).

Kloesel, Christian J. W., *Charles Peirce and the Secret of the Harvard O.K.*, in: *The New England Quarterly* 52, 1979, Nr. 1 (März), S. 55–67.

Locke, John, *An Essay Concerning Human Understanding*, Hg. v. Peter H. Nidditch, Oxford: Clarendon Press 1975.

Messac, Régis, *Le »Détective Novel« et l'influence de la pensée scientifique*, Paris: Librairie Ancienne Honoré Champion 1929.

Morris, Charles, *Writings on the General Theory of Signs*, The Hague: Mouton 1971.

Nolen, William A., *Healing: A Doctor in Search of a Miracle*, Greenwich, Conn.: Fawcett 1974.

Nordon, Pierre, *Conan Doyle*, London: John Murray 1966.

Peirce, Charles S., *Guessing*, in: *Hound and Horn* 2, 1929, Nr. 3 (April-Juni), S. 267–282.

Ders., *Collected Papers of Charles Sanders Peirce,* Hg. v. Charles Hartshorne, Paul Weiss und Arthur W. Burks, 8 Bde., Cambridge: Harvard University Press 1931–1958.

Pelc, Jerzy, *On the Prospects of Research in the History of Semiotics,* in: *Semiotic Scene* 1, 1977, Nr. 3 (Sept.), S. 1–12.

Ransdell, Joseph, *Some Leading Ideas of Peirce's Semiotic,* in: *Semiotica* 19, 1977, Nr. 3/4, S. 157–178.

Revzin, I.I., *Zur semiotischen Analyse des Detektivromans am Beispiel der Romane Agatha Christies,* in: Jochen Vogt (Hg.), *Der Kriminalroman,* Bd. 1, München 1971, S. 139–142. (Zuerst russisch 1964.)

Robin, Richard S., *Annotated Catalogue of the Papers of Charles S. Peirce,* Amherst: University of Massachusetts Press 1967.

Scheglov, Jurij K., *Towards a Description of Detective Story Structure,* in: *Russian Poetics in Translation* 1, 1975, S. 51–77. (Zuerst russisch 1968.)

Scheibe, Karl E., *The Psychologist's Advantage and Its Nullification: Limits of Human Predictability,* in: *American Psychologist* 33, 1978, Nr. 10 (Okt.), S. 869–881.

Sebeok, Thomas A., *Contributions to the Doctrine of Signs,* Lisse: Peter de Ridder Press 1976.

Ders., *Theorie und Geschichte der Semiotik,* Reinbek bei Hamburg: Rowohlt 1979.

Ders., und Margolis, Harriet, *Captain Nemo's Porthole,* in: *Poetics Today,* 1981.

Starrett, Vincent, *The Private Life of Sherlock Holmes,* New York: Haskell House 1971. (Erstveröffentlichung 1934.)

Tracy, Jack, *The Encyclopaedia Sherlockiana,* Garden City: Doubleday 1977 bzw. New York: Avon 1979.

Truzzi, Marcello, *Sherlock Holmes: Applied Social Psychologist,* in: *The Humanities as Sociology,* Hg. v. Marcello Truzzi, Columbus, Ohio: Charles E. Merrill 1973, S. 93–126.

edition suhrkamp. Neue Folge

1 Gertrud Leutenegger, Lebewohl, Gute Reise
2 Hans Georg Bulla, Weitergehen
3 Von nun an: Neue deutsche Erzähler. Hg. v. Hans-Ulrich Müller-Schwefe
4 Franz Böni, Hospiz
5 Bodo Kirchhoff, Body-Building
6 Thomas Bernhard, Die Billigesser
7 Sinclair, Der Fremde
8 Octavio Paz, Suche nach einer Mitte
9 Tove Ditlevsen, Sucht
10 Hoffnung auf Frühling. Moderne chinesische Erzählungen. Bd. 1: 1919–1949. Hg. v. Volker Klöpsch u. Roderich Ptak
Hundert Blumen. Moderne chinesische Erzählungen. Bd. 2: 1949–1979. Hg. v. Wolfgang Kubin
11 Paul Feyerabend, Erkenntnis für freie Menschen
13 Stanisław Lem, Dialoge
14 Leo Löwenthal, Mitmachen wollte ich nie
15 William G. Niederland, Folgen der Verfolgung: Das Überlebenden-Syndrom. Seelenmord
16 Politik der inneren Sicherheit. Hg. v. Erhard Blankenburg
17 Der gerechte Krieg. Christentum, Islam, Marxismus. Red.: Reiner Steinweg
18 Darcy Ribeiro, Unterentwicklung, Kultur und Zivilisation
19 Uwe Johnson, Begleitumstände. Frankfurter Vorlesungen
20 Walter Benjamin, Moskauer Tagebuch
21 Dieter Leisegang, Lauter letzte Worte
22 Renate Rubinstein, Nichts zu verlieren und dennoch Angst
23 Hanna Krall, Schneller als der liebe Gott
24 Roberto Calasso, Die geheime Geschichte des Senatspräsidenten Dr. Daniel Paul Schreber
25 Nicolaus Bornhorn, America oder Der Frühling der Dinge
26 Winfried Menninghaus, Paul Celan. Magie der Form
27 Claude Lévi-Strauss, Mythos und Bedeutung
28 Der Neger vom Dienst. Afrikanische Erzählungen. Hg. v. Rüdiger Jestel
30 Roland Barthes, Leçon/Lektion
31 Das kontrollierte Chaos. Die Krise der Abrüstung. Red.: Reiner Steinweg
32 Die Museen des Wahnsinns und die Zukunft der Psychiatrie. Hg. v. Manfred M. Wambach u. a.

33 Alejo Carpentier, Stegreif und Kunstgriffe
34 Ernst Kris/Otto Kurz, Die Legende vom Künstler
35 Horst Antes, Poggibonsi 1979–1980
36 Wolfgang Glöckler, Seitensprünge
37 Manfred Jendryschik, Die Ebene
38 Christian Meier, Die Ohnmacht des allmächtigen Dictators Caesar
39 Das Afrika der Afrikaner. Gesellschaft und Kultur Afrikas. Hg. v. Rüdiger Jestel
40 Aufklärung und literarische Öffentlichkeit. Hg. v. Chr. Bürger, P. Bürger, J. Schulte-Sasse
41 Dalton Trevisan, Ehekrieg
42 Logik des Herzens. Die soziale Dimension der Gefühle. Hg. v. Gerd Kahle
43 Hans-Georg Backhaus, Marx und die marxistische Orthodoxie
44 Versuchungen. Aufsätze zur Philosophie Paul Feyerabends. Hg. v. Hans Peter Duerr
45 Julio Cortázar, Reise um die Tage in 80 Welten
46 Ernst Bloch, Abschied von der Utopie?
47 Karl Marx, Enthüllungen zur Geschichte der Diplomatie im 18. Jahrhundert. Hg. v. Karl August Wittfogel
49 Thomas Brasch, Engel aus Eisen
50 Hans Mayer, Versuche über die Oper
51 Maxime Rodinson, Die Araber
52 Eduard Heimann, Soziale Theorie des Kapitalismus. Theorie der Sozialpolitik
53 Renato P. Arlati, Auf der Reise nach Rom
54 Lao She, Das Teehaus
55 Max Kaltenmark, Lao-tzu und der Taoismus
56 Unsere Bundeswehr? Zum 25jährigen Bestehen einer umstrittenen Institution. Red.: Reiner Steinweg
57 Michael Buselmeier, Der Untergang von Heidelberg
58 Karl Heinz Bohrer, Plötzlichkeit. Zum Augenblick des ästhetischen Scheins
59 Kim Chi Ha, Die gelbe Erde und andere Gedichte
60 Tankred Dorst, Mosch
61 Anselm Glück, Falschwissers Totenreden(t)
62 Dambudzo Marechera, Das Haus des Hungers
63 Soziale Unterstützung und chronische Krankheit. Hg. v. B. Badura
64 Octavio Paz, Der menschenfreundliche Menschenfresser
65 Adolf Muschg, Literatur als Therapie?

66 Hans Magnus Enzensberger, Die Furie des Verschwindens
67 Peter Weiss, Notizbücher 1971–1980. Zwei Bände
68 Versuchungen. Aufsätze zur Philosophie Paul Feyerabends. 2. Bd. Hg. v. Hans Peter Duerr
69 Thomas Bayrle, Rasterfahndung
70 Kevin Casey, Racheträume
71 Gerald Zschorsch, Glaubt bloß nicht, daß ich traurig bin
72 Boris Moshajew, Die Abenteuer des Fjodor Kuskin
73 André Leroi-Gourhan, Die Religionen der Vorgeschichte
74 Dieter Prokop, Medien-Wirkungen
75 Jürg Laederach, Fahles Ende kleiner Begierden
76 Tove Ditlevsen, Wilhelms Zimmer
77 Roland Barthes, Das Reich der Zeichen
78 Manfred Eisenbeis (Hg.), Ästhetik und Alltag
79 Reto Hänny, Zürich, Anfang September
80 Marguerite Duras/Michelle Porte, Die Orte der Marguerite Duras
81 Kindheit als Fiktion. Fünf Berichte
82 Anton Blok, Die Mafia in einem sizilianischen Dorf. 1860–1960
83 Eva-Maria Alves, Neigung zum Fluß
84 Chinua Achebe, Ein Mann des Volkes
85 Erving Goffman, Geschlecht und Werbung
86 Hans Platschek, Porträts mit Rahmen
87 Darcy Ribeiro, Die Brasilianer
88 Georg Lukács, Gelebtes Denken
89 Zur Dichotomie von hoher und niederer Literatur. Hg. v. Chr. Bürger, P. Bürger, J. Schulte-Sasse
90 Martin Walser, Selbstbewußtsein und Ironie. Frankfurter Vorlesungen

edition suhrkamp. Neue Folge